W0365285

LE FIGARO

« Ramener sa fraise »

100 EXPRESSIONS **SAVOUREUSES À PARTAGER ENTRE PETITS & GRANDS**

Le Figaro : 14, boulevard Haussmann, 75009 Paris.
Directeur général adjoint, directeur de la publication : Marc Feuillée
Directeur des rédactions : Alexis Brézet
Editrice : Sofia Bengana
Editeur adjoint : Robert Mergui
Chef de projet en charge de la coordination éditoriale : Nathalie Hervo
Rédactrice en chef SR-Révision : Sylvie Marcovitch
Edition : Cyril Delabarre
Maquette : Sandrine Kaufmann
Direction artistique : Camille Belliard
Auteur : Jean-Loup Chiflet. Avec la participation de Christiane Courbey
Illustrations : Caroline Gaujour
Directeur industriel : Marc Tonkovic
Responsable pré-presse : Alain Penet
Directeur de la diffusion : Philippe Grinberg
Directeur des ventes : Laurent Nocca
Chargée de communication et partenariats : Audrey Moreau San Galli

ISBN : 978-2-8105-0815-0

Achevé d'imprimer en octobre 2017 sur les presses de l'imprimerie Pollina, France, 82368

Préface

de Jean-Loup Chiflet

Nos aliments sont formidables car, non contents de nous maintenir en forme, ils nourrissent notre vocabulaire. Et si on aime le pain, c'est autant pour son côté métaphore que pour sa valeur nutritive. Quand on est snob, on ne fait pas les soldes, on achète pour « une bouchée de pain ». La perspective d'une journée bien remplie signifie qu'on a « du pain sur la planche ». Vous qui vous lamentez parce que vous avez pris du ventre, dites plutôt que « vous avez de la brioche », c'est plus appétissant. Ces expressions alimentaires ont une histoire, qu'il vous faudra expliquer à vos enfants pour éviter que notre patrimoine linguistico-culinaire s'appauvrisse. Vous leur direz qu'elles sont souvent nées de situations cocasses, comme « pédaler dans la choucroute ». Vous les ferez sourire en leur parlant de ce farceur qui le premier a « fait l'andouille ». Et ils en resteront « comme deux ronds de flan ». Mais vous leur avouerez que si parfois vous n'êtes « pas dans votre assiette », c'est que vous avez trop l'habitude de « mettre les pieds dans le plat », surtout lorsqu'on vous « raconte des salades ».

100 EXPRESSIONS SAVOUREUSES
À PARTAGER ENTRE PETITS & GRANDS

« Appuyer sur le champignon »

Boire du petit-lait

Les dieux du mont Olympe le dédaignaient, ils lui préféraient l'hydromel.

« Boire du petit-lait »... On aurait pu trouver mieux pour évoquer le plaisir et la douceur. Parce que le petit-lait n'est pas bien placé au palmarès de nos boissons préférées. Liquide issu de la coagulation du lait, il possède des vertus nutritives utiles à tous, sportifs ou sédentaires, âgés de 7 à 77 ans. Mais s'il était aussi bon au goût que pour la santé, on installerait des fontaines à petit-lait dans les entreprises, à côté de la machine à café. Les dieux du mont Olympe le dédaignaient, ils lui préféraient l'hydromel. Pendant que nous, mortels, avons un faible pour la bière et le pastis. Ou l'eau ferrugineuse, pour faire comme Bourvil. Pourtant cette expression perdure, que l'on soit amateur de petit-lait ou non. Avec son image de bébé repu, elle a un côté régressif. Autrefois, on disait « avaler doux comme le lait », puis l'adjectif « petit » a été ajouté, pour accentuer cette idée de bien-être. Voilà ce que vous éprouvez quand on vous complimente ou qu'on vous flatte. Parce que « boire du petit-lait », ça sonne mieux que « boire du coca ».

Rouler dans la farine

Le produit du moulin allait remplacer les masques de la Grèce antique ou du théâtre nô...

Il n'y a rien de moins agréable que de se faire rouler dans la farine. Car on n'aime pas que l'on se moque de nous et que l'on nous prenne pour des imbéciles. Au XIXe siècle, déjà, il arrivait que les gens se fassent rouler, ce verbe signifiant « tromper ». Et la farine dans laquelle on les « roulait » n'avait pas qu'une valeur nutritive, elle était un instrument de camouflage : c'est avec elle que les comédiens se maquillaient pour que les spectateurs ne les reconnaissent pas, se faisant ainsi rouler dans la farine. Voilà comment le produit du moulin allait remplacer les masques de la Grèce antique ou du théâtre nô... Par extension, cette farine trompeuse a vite symbolisé les belles paroles, celles que le manipulateur doué utilise pour séduire. Si, comme moi, vous plaignez ce corbeau dont le renard a flatté le ramage et le plumage (Jean de La Fontaine), vous ne vous laisserez pas rouler dans la farine. Et vous vous méfierez des compliments.

Mettre quelqu'un sur le gril

Autrefois, ce n'était pas une côte de bœuf qu'on mettait sur le gril, c'était un homme.

Pour vous, le gril évoque les brochettes, le rosé, le soleil, autant d'éléments qui font du barbecue un moment de plaisir. Autrefois, ce n'était pas une côte de bœuf qu'on mettait sur le gril, c'était un homme. Car dans la Rome antique, le gril était cet instrument de torture sur lequel saint Laurent fut brûlé (en 258). Et au Moyen Age, il faisait partie des supplices les plus raffinés, au même titre que la roue, l'empalement ou l'écartèlement. Aujourd'hui, heureusement, on a détourné son usage pour en faire le roi des dimanches d'été. Mais l'image d'une cuisson lente subsiste : l'individu que l'on met sur le gril ne mourra pas brûlé, on veut seulement (!) le mettre dans une situation pénible. On se plaît à l'inquiéter, à le faire trembler, on le ballotte d'espérances en déceptions. Tantôt on le rassure, tantôt on l'inquiète, en le retournant sur le gril comme on le ferait d'une côtelette. Les bourreaux ne seront-ils donc jamais au chômage ?

En faire tout un fromage

Pour obtenir du fromage il faut cailler, mouler et égoutter, sans oublier de vérifier la température et l'humidité des caves d'affinage.

Ecoute-moi, petit visiteur du Salon de l'agriculture : c'est la vache qui donne du lait, et c'est avec ce lait que l'on fait du fromage. Mais n'est pas fromager qui veut, car pour obtenir du fromage il faut cailler, mouler et égoutter, sans oublier de vérifier la température et l'humidité des caves d'affinage. Un vrai travail de pro. Ou d'artiste. Pourtant si l'on écoute le fermier savoyard qui doit retourner et brosser ses reblochons tous les jours, il reste humble et passionné par son métier. Il ne fait pas tout un fromage de son activité. Il laisse l'exagération à ceux qui donnent une importance disproportionnée à un événement mineur et qui font des histoires pour rien. Le coiffeur a raté le brushing de madame, monsieur s'est coupé le menton en se rasant, bébé a renversé son bol, et le chien a fait pipi par terre. Plutôt que de compatir, on les envie car le malheur les a épargnés. C'est avec des bricoles que l'on fait tout un fromage. Madame est mal coiffée ? Ce n'est pas grave. Tant qu'elle ne part pas avec son coiffeur...

Se vendre comme des petits pains

Jésus, pour nourrir ces gens affamés, a décidé de multiplier les quelques pains en sa possession.

Ce qui se vend comme des petits pains se vend bien. Et ça évoque la quantité, parole d'évangile : il était une fois une foule immense autour de Jésus. Qui, pour nourrir ces gens affamés, a décidé de multiplier les quelques pains en sa possession. Et, miracle, tous furent rassasiés par ces « petits » pains devenus signe d'abondance. L'expression « se vendre comme des petits pains » est plus récente et date du XXe siècle. Elle signifie que les affaires sont bonnes. A la Saint-Médard, les parapluies se vendent comme des petits pains. Dans le Finistère, les bottes et les cirés, c'est toute l'année. Si les études prévisionnelles ont été bâclées, on peut être en rupture de stock. Les clients achètent ce qui est à la mode, et plus ils sont demandeurs, plus ils dépensent. C'est la loi du marché, qui les fait se précipiter dans les boutiques pour se procurer le dernier Harry Potter dont les aventures se vendent comme des petits pains. De quoi rendre jaloux Victor Hugo ou Alexandre Dumas, dont les œuvres sont en train de... rassir sur des étagères.

Tenir la dragée haute

La « dragie » (devenue « dragée » ensuite) était une botte de fourrage placée en haut des râteliers dans les écuries.

Friandise réservée aux événements familiaux, la dragée n'a rien à voir avec ces bonbons colorés qui font le bonheur des enfants… et des dentistes. C'est elle que l'on offre lors d'un mariage ou d'un baptême. Au XVIIIe siècle, elle avait une autre vie : elle faisait partie d'un jeu qui consistait à suspendre une friandise au bout d'un fil pour que les enfants essaient de l'attraper. Les petits avaient du mal car on leur tenait la dragée haute. On faisait la même chose avec les chevaux, pour leur montrer que l'on n'a rien sans rien : la « dragie » (devenue « dragée » ensuite) était une botte de fourrage placée en haut des râteliers dans les écuries : elle était trop bonne, il fallait qu'ils la méritent. Aujourd'hui on a d'autres moyens de montrer son ascendant sur quelqu'un, mais on continue de lui tenir la dragée haute. On le fait attendre, on fait semblant d'hésiter pour tester sa résistance, on lui fait croire ceci puis on envisage cela. Et on le voit espérer, transpirer, s'effondrer, jusqu'à épuisement. Tenir la dragée haute, ne serait-ce pas se livrer à un jeu sadomaso ?

Boire le bouillon

Les temps sont durs, la conjoncture économique est morose, et nombreux sont ceux qui boivent le bouillon.

Si Toto rechigne devant nos « *Mange ta soupe !* » quotidiens, c'est parce qu'il n'a pas compris l'importance de la nourriture qui lui permettra d'être grand comme papa. Et si papa boit le bouillon du pot-au-feu à grands coups de « *slurp* », c'est parce qu'il est gourmand. Quant au bouillon lui-même, on ne le boit pas seulement quand on aime les bonnes choses. Si on le boit, cela signifie que l'on a des problèmes. Les temps sont durs, la conjoncture économique est morose, et nombreux sont ceux qui boivent le bouillon. Même à jeun. Certains sont ruinés : leur petite entreprise connaît la crise, un violent orage a détruit leurs vignes, et d'énormes rochers viennent d'écraser leur voiture. Pour d'autres, la situation est aussi dramatique : leur start-up n'arrive pas à démarrer et leurs projets sont tombés à l'eau. Ils ont tout perdu, et ils boivent tous le bouillon. Si Toto savait ça, il ne ferait plus la fine bouche. Il n'oserait plus dire : « *J'aime pas !* » et il finirait son assiette.

Gâte-sauce

Comme le menu dégustation doit être parfait, la sauce doit l'être aussi.

Imaginez-vous dans la cuisine d'un grand restaurant. Le chef étoilé, sérieux comme un général, vous présente sa brigade. Parmi tous ces hommes en blanc il y a le poissonnier qui s'occupe du poisson, le rôtisseur des rôtis, et le saucier des sauces. Chacun a sa technique pour parer, barder, écailler ou émulsionner. Et comme le menu dégustation doit être parfait, la sauce doit l'être aussi. Si le petit marmiton ne sait ni la lier ni la fouetter ni la monter au beurre blanc, il n'a plus qu'à rendre sa toque. Question d'éthique. Dans l'échelle des compétences culinaires, le gâte-sauce est à l'opposé du maître queux (orthographe homologuée). Alors que ce dernier réussit tout ce qu'il entreprend, le gâte-sauce est un spécialiste de l'échec. Même s'il change de métier, il continue de gâter ce qu'il entreprend. Ce petit gâte-sauce, plaignons-le, parce qu'il n'est pas gâté.

Faire chou blanc

Ce qui est certain, c'est que celui qui fait chou blanc se trouve en face du vide.

Le chou en question n'est pas celui qu'on pense car il ne se mange pas. Il est, paraît-il, né dans le Berry où, au XVIe siècle, on aimait jouer aux quilles. Et comme on aimait aussi les chuintantes, le « choup » blanc signifiait « coup » blanc. Il voulait dire que le joueur avait manqué sa cible. Ce même « coup » blanc s'est répandu hors de sa région pour décrire la fumée produite par un coup de feu. Je ne pense pas que cette fumée ait un lien avec la *fumata bianca* du Vatican, qui annonce « *Habemus papam* ». Ce qui est certain, c'est que celui qui fait chou blanc se trouve en face du vide. Parce que ce qui est blanc est associé à l'absence. Raymond Devos a fait chou blanc devant la mer démontée, et il nous raconte sa déception d'une voix blanche. Blanche comme la nuit qu'il vient de passer, sans rêve et sans sommeil. Et blanche comme cette page où j'essaie de parler de ce chou qui n'en est pas un.

Etre comme un coq en pâte

Il y a des jours où l'on aimerait vivre comme des coqs en pâte : bien au chaud, bien soignés, dorlotés.

Quelle belle vie que la vie d'un coq ! Il est bien nourri, passe son temps à se pavaner dans la basse-cour, il se trouve beau et il séduit les plus belles. Et comme la fermière veut qu'il remporte des médailles aux concours agricoles de la région, elle le chouchoute. Parfois même elle enduit ses plumes d'une pâte légère pour les rendre plus brillantes. Même sa mort est belle quand il finit en pâté : on le fait cuire emmitouflé dans une pâte, à la douce chaleur du four. Il y a des jours où l'on aimerait vivre comme des coqs en pâte : bien au chaud, bien soignés, dorlotés, qui dit mieux ? On n'aurait pas de soucis, on serait aussi heureux que des princes dans leur palais ou des sultans dans leur harem, on aurait des domestiques, des chauffeurs, des courtisanes... Mais quel ennui ! Plutôt que d'être comme un coq en pâte, je préfère payer mon journal et ma bière pression, choisir de lire ou de faire la sieste, aller seul au cinéma et me balader sans escorte. Alors la vie de coq en pâte, je la laisse au coq. Je préfère la mienne.

Tarte à la crème

Dans *La Critique de L'Ecole des femmes,* Molière démontre que les mots « tarte à la crème » répétés plusieurs fois perdent leur sens.

Avant d'être un dessert, la tarte à la crème faisait partie du jeu du corbillon, à la mode au XVIIe siècle. A la question *« Dans mon corbillon, qu'y met-on ? »*, on répondait en citant des mots en « on ». Dans *L'Ecole des femmes* (Molière), Arnolphe explique que la femme idéale doit être ignorante de tout, même du code des jeux de société. Elle doit répondre *« tarte à la crème »* au lieu de *« citron »* ou *« pantalon »*. Cette tarte parlait aux gens car c'était ce que les spectateurs mécontents lançaient sur les acteurs. Et dans *La Critique de L'Ecole des femmes,* Molière démontre que les mots « tarte à la crème » répétés plusieurs fois perdent leur sens. Au théâtre, les projectiles aussi ont changé, on garde les tartes pour soi et on ne jette même plus de tomates aux comédiens. On les siffle. La tarte à la crème désigne aussi un lieu commun, un sujet dont on a trop parlé et qui n'a plus d'intérêt. Même la vraie, qui éclabousse Laurel et Hardy (*La Bataille du siècle,* 1927), ne fait plus rire car elle est démodée.

Crâne d'œuf

Pendant des siècles, les moines ont adopté la tonsure, montrant ainsi leur renoncement aux frivolités du monde.

Si votre meilleur ami cache sa calvitie sous un bonnet péruvien (avec des oreilles et un pompon), ne le traitez pas de crâne d'œuf. Plaignez-le, car il est la preuve que la nature a parfois des ratés. En tout cas, il est incollable sur la symbolique des cheveux, signe de virilité. Samson était doté d'une force extraordinaire, dont Dalila crut le priver en rasant sa chevelure. Pendant des siècles, les moines ont adopté la tonsure, montrant ainsi leur renoncement aux frivolités du monde. A la Libération, des femmes ont subi la tonte punitive, les contraignant à se montrer avec leur crâne d'œuf. Et puis il y a ceux qui sont fiers de leur très grand front très dégarni : on les prend pour des intellos. Cette galerie de crânes d'œuf serait incomplète si on oubliait ces faux chauves qui, on se demande bien pourquoi, envient les gens sans cheveux. Ils les envient tellement qu'ils les imitent en se rasant le crâne. Mais comme ils portent une barbe de trois jours, ils maintiennent l'équilibre : ce qu'ils enlèvent ici, ils le font pousser là. A mon avis, ils n'ont rien dans le crâne.

Garder une poire pour la soif

On appréciait ses vertus désaltérantes, et on décidait parfois de la garder pour plus tard.

Voilà de quoi saliver, surtout s'il s'agit d'une bonne poire, dodue et juteuse à souhait. Dès la fin du XVIe siècle, on appréciait ses vertus désaltérantes, et on décidait parfois de la garder pour plus tard, pour le moment où on aurait soif. Les hommes la mettaient-ils dans leur casaque et les femmes dans leur vertugadin ? Aujourd'hui, on préfère la manger sans attendre car elle ferait des dégâts dans les poches trop étroites des jeans. Dans tous les cas, la poire désaltère autant qu'elle nourrit. Cette poire que l'on *« garde pour la soif »* symbolise ce que l'on met de côté et que l'on utilisera en cas de besoin. C'est ce que me dit mon banquier à chaque rendez-vous. J'ai beau lui dire que je préfère me régaler maintenant plutôt que de thésauriser en vue de lendemains qui ne chanteraient plus, il me parle de placements et de dividendes. Nous n'avons pas les mêmes valeurs. Je lui réponds que quand j'ai soif, je m'offre une boisson bien fraîche, et que la poire bien mûre, je la mange au dessert. Parce que demain est un autre jour.

Jeter de l'huile sur le feu

Ce comportement irresponsable n'est pas récent, Mme de Sévigné le dénonçait déjà.

Quand il accueille les nouvelles recrues dans sa caserne, le capitaine des pompiers leur rappelle le règlement. Et il répète que même s'il y a le feu au lac (!) il est interdit de jeter de l'huile sur le feu, ça ne ferait que l'attiser. Le coupable pris en flagrant délit serait traité de pyromane. Ce comportement irresponsable n'est pas récent, Mme de Sévigné le dénonçait déjà. Aujourd'hui, chacun sait qu'on ne doit pas jeter de l'huile sur son barbecue, pas plus qu'on ne doit envenimer une querelle entre amis. Quand une situation est tendue et que la bagarre menace d'exploser, on évite de jeter de l'huile sur le feu. Comme on est pour la paix des ménages et qu'on ne veut pas d'histoires avec les voisins, on se tait. On évite d'aborder les sujets qui fâchent. On pourrait peut-être demander aux enfants de se déguiser en pompiers : pour éteindre ce feu qui couve, ils arroseraient tout le monde au lieu d'arroser les hortensias. Personnellement, je n'oserais pas.

Entre la poire et le fromage

Les Anglais continuent de savourer leur stilton après leur crumble.

Si vous tenez à vos habitudes culinaires, vous ne ferez jamais rien entre la poire et le fromage car pour vous le chabichou et le picodon se servent avant le dessert. Sachez qu'au Moyen Age c'était l'inverse. Et que les Anglais continuent de savourer leur stilton après leur crumble. D'où, peut-être, l'origine de cette expression... Mais quel que soit l'ordre dans lequel on mange, on est plus détendu à la fin d'un repas et on parle plus librement. C'est quand on a l'estomac plein que les échanges se font et que les décisions se prennent. Les repas d'affaires en sont la preuve. Mais sortons du contexte de la gastronomie : « entre la poire et le fromage » décrit, de façon plus abstraite, un moment choisi entre deux événements. Cela correspond à cet espace vide sur notre agenda, qui nous permet de prendre notre temps pour décider ou agir. Mais comme chaque médaille a son revers, la même expression peut signifier que ce qui est fait « entre la poire et le fromage » est mal fait, bâclé.

Prendre de la brioche

La bonne chère et la paresse ont peu à peu camouflé nos tablettes de chocolat, pour ne laisser voir que notre brioche.

La brioche, c'est plutôt un truc d'homme. Qu'elle s'appelle bedaine ou bedon, c'est elle qui nous fait ressembler à un culbuto, qui nous habille au rayon grande taille et qui nous condamne aux ceintures sur mesure. Pourtant, quand on était bébé, maman nous aimait dodu, joufflu et ventru, plein de bourrelets et de fossettes. Depuis, on a grandi, on a perdu des kilos en faisant du sport pour épater les filles, et ensuite on a tout repris. La bonne chère et la paresse ont peu à peu camouflé nos tablettes de chocolat, pour ne laisser voir que notre brioche. Qui s'en plaindrait ? Obélix a-t-il honte de son tour de taille ? A force de se nourrir de sangliers entiers (qui sont pourtant peu caloriques), il est devenu l'archétype du « bon gros ». Car celui qui arbore une brioche est un doux, les petits enfants aiment se lover contre lui parce qu'il les protège. Et, surtout, il a la même silhouette que le Père Noël...

Une grosse légume

Autrefois le mot « légume » était féminin, il désignait... un officier supérieur.

« Légume » est un nom à double genre, ce qui explique pourquoi une grosse légume ne se trouve pas dans un potager. Pourtant, comme elle gagne à être connue, je vais vous la présenter. Pour cela, je propose de laisser la botanique aux botanistes et les petits légumes aux jardiniers. Car ce légume, qu'il soit courge ou potiron, est tellement gros qu'il faut se mettre à plusieurs pour le manger. Autrefois, le mot « légume » était féminin, il désignait ... un officier supérieur. Et la grosse légume est apparue dans le dictionnaire d'argot du XIXe siècle pour désigner un homme important. C'est pour cette raison que le gratte-papier ne sera jamais une grosse légume, pas plus que la petite fille aux allumettes ou le petit cordonnier. Bizarrement, l'individu influent a besoin de l'adjectif « gros » pour en imposer : on l'appelle « grosse pointure » ou « gros bonnet », sans se préoccuper de ses mocassins ou de son tour de tête. Et il fait partie des huiles... Si vous préférez céder à la mode des sigles, vous direz que c'est un VIP.

Ça baigne dans l'huile

Cette formulation a le même âge que l'automobile, dont l'histoire est liée à la révolution industrielle

Cette formulation, encore employée dans le langage familier, n'a pas vu le jour dans une cuisine où frites et beignets barboteraient dans l'huile. Elle a le même âge que l'automobile, dont l'histoire est liée à la révolution industrielle. La machine a inspiré les arts, de Fernand Léger *(Le Remorqueur)* à Charlie Chaplin *(Les Temps modernes)*, mais elle a aussi donné naissance à des expressions liées à la mécanique. Car une langue est toujours le reflet d'une époque. L'huile dont il s'agit ici n'est pas une huile de friture, mais ce lubrifiant dont un mécanisme a besoin pour bien fonctionner. Il paraît que quelques gouttes suffisent pour huiler des rouages et pour que ça baigne dans l'huile. Aujourd'hui, c'est avec les mêmes mots que l'on exprime sa satisfaction. Même si on n'a ni établi ni atelier de mécanique. Car on n'a rien trouvé de mieux pour dire que tout va bien, et même très bien, comme on le chantait en 1935. Ça fait tellement plaisir à madame la Marquise...

Etre soupe au lait

Alors que le Vésuve a du mal à se rendormir, tout se calme dès que l'on retire la casserole du feu.

La soupe au lait n'est rien d'autre que l'imitation culinaire d'une éruption volcanique. Le lait frissonne dans la casserole comme le magma qui chauffe dans le cratère, jusqu'à ce que tout déborde. Mais alors que le Vésuve a du mal à se rendormir, tout se calme dès qu'on retire la casserole du feu. Le même scénario se produit chez l'homme dont les émotions explosent soudain. Les grands-pères de nos grands-pères connaissaient ces sautes d'humeur qui les faisaient « monter comme une soupe au lait ». Aujourd'hui les soupes n'ont plus besoin d'être surveillées comme le lait sur le feu, on les réchauffe au micro-ondes. Pourtant, on connaît tous un irascible qui s'emporte aussi facilement que le piton de la Fournaise. Comme il ne trouve pas ses clés de voiture, il se met à hurler et à donner des coups de pied dans les chaises. Madame attend que ça passe. Car celui qui est soupe au lait se calme aussi vite que le lait retombe dans la casserole. Jusqu'au prochain débordement. Méfions-nous du volcan qui dort.

Rince-cochon

L'alcool censé guérir les effets de l'alcool, cela s'appelle soigner le mal par le mal.

Voici une recette qu'il ne faut pas prendre au pied de la lettre. Le rince-cochon se boit, évidemment, mais que rince-t-il ? Sûrement pas le cochon que certains mangent sous forme de pieds, de palette ou de poitrine, car on ne sait toujours pas comment digérer les viandes grasses. Encore moins le goinfre lui-même, qui mange comme un cochon, et dont le foie engorgé se méfie de l'eau. Ce n'est pas quand on a fait ripaille que l'on prend un rince-cochon, c'est quand on a trop bu. D'après les pros de l'ivresse genre *Tontons flingueurs,* on passe un bon moment à boire « *du brutal* » mais c'est le réveil qui est pénible. Et là, le rince-cochon s'impose : il s'agit d'un breuvage à base d'eau gazeuse et de jus de citron... qu'on noie dans du vin blanc. L'alcool censé guérir les effets de l'alcool, cela s'appelle soigner le mal par le mal. Alors, ce rince-cochon, vous en voulez un verre ?

Rdv à 20h ♡

Rester en carafe

La langue verte enrichit souvent notre vocabulaire, et en argot, la carafe désigne... la bouche, voire la tête.

Comme chacun sait, une carafe est un récipient dans lequel on met de l'eau fraîche ou du vin. D'où notre perplexité devant cette métaphore. Mais la langue verte enrichit souvent notre vocabulaire, et en argot, la carafe désigne... la bouche, voire la tête. Celui donc qui reste en carafe n'a plus rien à boire, c'est en vain qu'il garde la bouche ouverte. Même malaise pour l'orateur qui ne trouve plus ses mots et qui reste bouche bée. Par extension, cette expression a glissé de celui qui est en panne d'inspiration vers toute personne qui éprouve le même malaise. La victime n'est plus en panne de micro, mais en panne tout court. Elle se croit abandonnée. Comme le cycliste qui, après une chute dans le Ventoux, voit passer le peloton, le chien qu'on laisse attaché à un platane au moment du départ en vacances, ou la belle-mère envahissante qu'on « oublie » sur une aire d'autoroute. Le seul moyen de ne laisser personne en carafe, c'est de faire l'appel.

Noyer le poisson

Au restaurant de la Gare, le chef noie ses poissons qu'il appelle « truites au bleu ».

Ce procédé est élémentaire car il faut que le poisson soit mort pour qu'on le mange. La recette la plus évidente consiste à le noyer dans l'eau bouillante. Au restaurant de la Gare, le chef noie ses poissons qu'il appelle « truites au bleu ». On peut aussi, si la dorade n'est pas de première fraîcheur, la noyer dans une sauce relevée. Les grands pêcheurs aiment s'amuser avec le poisson qu'ils viennent d'attraper : ils le font alternativement sortir et rentrer dans l'eau pour l'épuiser. Ce combat prend des proportions titanesques lorsqu'il s'agit d'un gros poisson : Santiago (*Le Vieil Homme et la Mer,* Ernest Hemingway) livre un combat surhumain avec un espadon. Qui sera le plus fort ? Quand, au cours d'une conversation gênante, on veut semer la confusion, on noie le poisson. On est en face d'un sujet compromettant, et on le dissimule sous un monceau de détails. Histoire de perturber l'interlocuteur qui ne sait pas s'il va l'emporter. On parle jusqu'à l'étourdir. Et là, tel le poisson avec lequel on a « joué » dans la rivière, il capitule. On a gagné.

A la noix

Aristide Bruant s'est inspiré de leur mauvaise réputation pour inventer l'expression « à la noix ».

Méfiez-vous de ces excuses à la noix inventées par votre fils qui rentre tard du lycée. Car ce qui est « à la noix » ne vaut pas grand- chose. Déjà au Moyen Age, les noix désignaient ce qui n'a pas de valeur. Peut-être parce que les gens mangeaient leur coque et jetaient les cerneaux. Aristide Bruant s'est inspiré de leur mauvaise réputation pour inventer l'expression « à la noix ». Parfois on dit *« à la noix de coco »*, mais c'est pour rire. Si la noix inspire autant, c'est parce qu'elle se cache dans sa coquille. Charles Trenet imagine *« les plaines et les monts »* quand elle est fermée. Madame Michu la détourne en faisant mijoter sa noix de veau dans une noix de beurre. Emile Chautard (*La Vie étrange de l'argot*, 1931) nous aidera-t-il à y voir plus clair ? Il dit que *« à la noix »* est la déformation de *« alénois »*. Comme le cresson alénois qui relève le goût de la laitue. Cette explication à la noix n'est pas convaincante. Dommage que cette noix n'ait pas inspiré Hergé. Il aurait appelé son opus : *Tintin et le mystère de la noix.*

Casser du sucre sur le dos de quelqu'un

D'après le *Dictionnaire de Trévoux* (XVIIIe siècle), si on « se sucrait de quelqu'un » cela signifiait qu'on le prenait pour un idiot.

Voilà ce qu'il faut éviter de faire. Car comment la personne peut-elle se défendre si elle ne vous fait pas face ? Elle ne sait pas ruer ! Et puis, les morceaux de sucre sont petits, et il est difficile de les casser. Que se passait-il donc autrefois ? D'après le *Dictionnaire de Trévoux* (XVIIIe siècle), si on « se sucrait de quelqu'un » cela signifiait qu'on le prenait pour un idiot. Puis vint l'expression « casser du sucre » qui est apparue au XIXe siècle, avant que le sucre se présente en morceaux bien calibrés. On le trouvait en blocs (appelé « pains »), que l'on cassait avec un petit marteau en fonction de ses besoins. Nos ancêtres, raffolant des images, ont ajouté « sur le dos de quelqu'un ». On se demande encore pourquoi. On sait seulement qu'un tel comportement est méchant car on critique la personne et on en dit du mal en répandant des ragots sur elle. Comme ça se passe dans son dos, elle ne peut pas réagir. Sauf si elle a des indics qui l'informent. Ou si elle pratique la boxe thaï et qu'elle est spécialiste du coup de pied retourné.

La moutarde me monte au nez

Réaction en trois temps : on perd patience, puis on s'énerve, et enfin on explose.

Si la moutarde me monte au nez, c'est mauvais signe. Ça ne veut pas dire que je me suis fait une inhalation à base de ce condiment, ça signifie juste que je vais perdre mon sang-froid. Avant le XVIIe siècle, celui qui sentait monter sa colère disait *« la moutarde m'entre au nez »*. Les muqueuses nasales sont fragiles, et sensibles à tout ce qui les agresse. Il est donc normal que la moutarde les chatouille. Et le verbe « monter » décrit les troubles physiques qu'une émotion engendre et qui apparaissent sur le visage : le sang qui monte aux joues des jeunes filles en fleurs (une espèce en voie de disparition) signifie qu'elles sont troublées, et si on est triste, on a les larmes qui montent aux yeux. Quand on est en colère, on éprouve une sensation aussi désagréable que si on avait les narines titillées par de la moutarde. Réaction en trois temps : on perd patience, puis on s'énerve, et enfin on explose. La moutarde qui monte au nez, tout le monde connaît. Sauf, plaignons-les, les anosmiques, qui ont perdu l'odorat.

Bouillon de culture

Contrairement au bouillon de poule dont vous vous régalez, c'est en laboratoire que l'on trouve le bouillon de culture.

La culture est multiple : si elle est agricole, elle s'occupe des oignons et des radis, et si elle est physique, elle entretient nos tablettes de chocolat. Quand on l'appelle « générale », elle désigne l'ensemble de connaissances qui enrichissent notre esprit. Mais les choses se compliquent quand on l'associe à un bouillon. Car contrairement au bouillon de poule dont vous vous régalez, c'est en laboratoire que l'on trouve le bouillon de culture. Ce liquide n'est pas comestible, on y fait croître des microbes et des bactéries. Le bactériologiste qui étudie leur développement n'est pas fou, ça ne lui viendrait pas à l'idée de boire le bouillon. Attention, il arrive qu'on ait un bouillon de culture chez soi, même s'il n'y a pas de panoplie de petit chimiste à la maison : si les aliments sont mal conservés ou mal réfrigérés, ils deviennent des bouillons de culture qui empoisonnent notre organisme. D'où les maladies en « ose », comme listériose ou salmonellose. La cirrhose, c'est différent. On ne l'attrape pas de la même façon.

Avoir la pêche

Savez-vous que la pêche est un symbole de la culture chinoise ? C'est elle que l'on offre aux jeunes mariés pour leur porter bonheur et fécondité.

Si vous avez la pêche, ce n'est pas parce que vous adorez ce fruit d'été gorgé de soleil dont le jus dégouline sur vos doigts, c'est que vous êtes heureux. Tout baigne. Certains ont la banane, mais elle n'est pas assez juteuse pour vous. D'autres ont la frite, mais vous la jugez trop grasse. Alors vous prêchez pour la pêche. Savez-vous que la pêche est un symbole de la culture chinoise ? C'est elle que l'on offre aux jeunes mariés pour leur porter bonheur et fécondité. La légende dit qu'au pays de Shiva elle assure longévité et immortalité. Ça fait beaucoup : l'immortalité, on n'en demande pas tant ! Celui qui a la pêche se passe de médecin, il mange cinq fruits et légumes par jour, il fait du sport et se couche tôt et, avec ses amis aussi heureux que lui, il soulève des montagnes. Ces gens qui ont la pêche, on les imaginerait presque en train de chanter *La Ballade des gens heureux.*

Tête de lard

« Tête de cochon » n'est pas un compliment. « Tête de lard », c'est pire parce qu'incompréhensible.

D'origine inconnue, cette insulte ne sait même pas d'où elle vient. Et celui qu'on traite de tête de lard (ou de cochon) a beau se creuser la tête, il ignore ce qu'il a fait pour mériter ça. Le lard est cette graisse épaisse située sous la peau du porc. Qui, bien engraissé, obtient la médaille aux comices agricoles. Petit, le cochon se contente de faire rêver les enfants quand, avec ses copains, il brave « le grand méchant loup ». Qu'il s'appelle Nif-Nif, Naf-Naf, Nouf-Nouf, ou qu'on le traite de gros cochon, on se demande pourquoi sa tête ne nous revient pas : « tête de cochon » n'est pas un compliment. « Tête de lard », c'est pire parce qu'incompréhensible. Car le lard capitonne la poitrine du porc et non pas son cerveau. Quant à la tête elle-même, elle est toujours dure. Alors, celui qui n'en fait qu'à sa tête et qui refuse de se laisser influencer ne peut pas prendre « tête de lard » pour un affront. Vous n'arriverez jamais à le faire fléchir car il a toujours raison. Vous savez bien qu'il a une tête à claques, mais ne le répétez pas.

Mettre les bouchées doubles

Les pulsions alimentaires, ça se maîtrise. La faim, ça se surmonte.

On met les bouchées doubles pour plusieurs raisons : soit on a faim et on se jette sur sa nourriture, soit on essaie de rattraper son retard parce qu'on n'a pas regardé son agenda. Dans les deux cas, on a tout faux. D'après mon ami psy, c'est dans le contrôle qu'on trouve son équilibre. Les pulsions alimentaires, ça se maîtrise. La faim, ça se surmonte. Donc quand on mange plusieurs bouchées à la fois, on est un goinfre. Et pourtant... Que celui qui n'a pas englouti des poignées (plus grandes encore que des bouchées) de cacahuètes bien grasses au moment de l'apéro lui jette la première pierre. Quant à la boulimie de travail qui impose aux désordonnés de mettre les bouchées doubles, elle est souvent due à une mauvaise gestion de leur planning : le toit de la maison doit être posé demain et ils n'ont pas fini de monter les murs parce qu'ils étaient en vacances. Les invités arrivent dans une heure et rien n'est prêt : ils pensaient avoir le temps de faire la sieste. Les paresseux qui ne font jamais rien ne mettront jamais les bouchées doubles.

Pédaler dans la choucroute

Cela ne se passe pas dans la cuisine d'une brasserie alsacienne, mais sur la route du Paris-Roubaix.

Voilà une image amusante, qui montre un cycliste en plein effort. Comme il faut planter le décor je précise que cela ne se passe pas dans la cuisine d'une brasserie alsacienne, mais sur la route du Paris-Roubaix ou du Critérium du Dauphiné. Car ce sont les rois de la pédale fatigués qui ont inspiré cette expression : lors des premiers Tours de France, les voitures balais étaient recouvertes de panneaux publicitaires à l'effigie de marques de choucroute. Le coureur fatigué qui s'y installait ne pédalait plus sur les pavés mais « dans la choucroute », avachi sur son guidon. Il n'avançait plus. Cette sensation de faire du surplace, on l'a tous éprouvée. Le trou de mémoire qui nous bloque, les pensées qui divaguent, l'inspiration qui nous lâche, les propos qui nous font tourner en rond... Quand on n'en peut plus de pédaler dans la choucroute, il ne sert à rien d'essayer le rétropédalage. Parce c'est difficile de penser à reculons. Mais je connais des ministres qui en sont capables.

La fin des haricots

Au jeu, les mises se faisaient non pas avec de l'argent, mais avec des légumes secs.

Comme vous le savez sûrement, les légumes ont une saison bien à eux et on ne les récolte pas toute l'année. Les haricots verts se mangent en été, mais ceux dont on annonce la fin sont des haricots secs, consommables toute l'année. L'explication (récente car du XXe siècle) de ce constat d'après lequel tout est fichu est assez obscure. Pour certains, elle se réfère aux soirées où les jeux de société réunissaient famille et amis. Les mises se faisaient non pas avec de l'argent, mais avec des légumes secs. On évitait les lentilles, trop petites, et les fèves réservées à la galette des rois. On utilisait des haricots. Pour le joueur qui n'en avait plus, c'était la fin des haricots : il avait perdu. Il y a une autre version, moins festive : le haricot était la nourriture des écoliers dans les pensionnats, des prisonniers dans leur cellule, et des pauvres. Pour qui, lorsque leur gamelle était vide, la fin des haricots était aussi tragique que la fin du monde. Nostradamus s'est souvent trompé, mais la fin des haricots fait encore partie de nos moments de désespoir.

Haut comme trois pommes

Cette image convient aux petits, qu'il s'agisse des enfants qui ont toute la vie pour grandir, ou de leurs héros.

« *Il était un petit homme, pirouette, cacahuète* » : voilà qui nous rajeunit. Et ce « *petit homme* » était sûrement haut comme trois pommes. Cette image convient aux petits, qu'il s'agisse des enfants qui ont toute la vie pour grandir, ou de leurs héros : les Schtroumpfs sont minuscules, Simplet et Grincheux aussi. Tom Pouce, n'en parlons pas. Il porte bien son nom. Ce qui est petit est mignon et fragile, ça appelle les câlins. Alors que le géant fait peur, comme l'ogre qui n'hésite pas à manger ses filles (*Le Petit Poucet*, Charles Perrault). Cela signifie-t-il qu'être haut comme trois pommes est un atout ? Peut-être, car sa petite taille n'a pas empêché Toulouse-Lautrec d'exercer son talent. Mais les trois pommes superposées dans cette expression restent un mystère. Tour de Pise éphémère, elles s'effondrent aussitôt. Gardons-les quand même toutes les trois, parce qu'un enfant « haut comme seulement une pomme » serait vraiment trop petit. On le perdrait.

Cracher dans la soupe

Celui qui crache dans la soupe est non seulement très mal élevé, mais il affiche son mépris pour ce qui fait du bien.

Rien de tel que cette expression pour couper l'appétit aux plus affamés. La soupe est ce plat nourrissant qui a rebuté des générations d'enfants : allergiques à ce qui est « bon pour la santé », ils préfèrent ce qui est bon tout court. Et quand Toto est polisson, ce n'est jamais de soupe qu'on le prive, mais de dessert. Preuve que même pour papa et maman, la soupe a un goût de punition plutôt que de récompense. Pourtant, ce mets a tout pour plaire car il est riche en éléments nutritifs. Celui qui crache dans la soupe est non seulement très mal élevé, mais il affiche son mépris pour ce qui fait du bien. Si on n'a qu'une soupe à manger, on ne devrait pas se plaindre car elle nous offre ce dont on a besoin. Celui qui la dédaigne ainsi est un ingrat. Il refuse ce qui lui est offert. C'est pour ça que la voiture que son père vient de lui acheter, il la trouve trop petite. Ou pas assez rapide. Sa vie sera jalonnée de cadeaux qu'il dédaignera et qu'il s'empressera de critiquer. Plaignons-le.

Faire le poireau

Je plains les gardes de Sa Très Gracieuse Majesté qui font le poireau devant Buckingham Palace.

Ce n'est pas votre jardinier qui vous expliquera comment faire le poireau. Il vous parlera de ses semis, de ses plants qu'il faut éclaircir, butter... Mais le poireau qui nous intéresse ne va pas finir noyé sous la vinaigrette : il est là, bien droit dans son potager. Et celui qui attend Madeleine alors qu'il pleut sur ses lilas (*Madeleine,* Jacques Brel) est aussi immobile qu'un poireau bien enraciné et bien planté. Il va poireauter longtemps, et il reviendra demain. Je plains les gardes de Sa Très Gracieuse Majesté qui font le poireau devant Buckingham Palace. Le temps pour eux est immobile. Et ils le sont aussi... jusqu'à la relève. Pour rentrer chez eux, ils prendront le bus. Et poireauteront sur le trottoir en l'attendant. Vladimir et Estragon, qui attendent Godot (Samuel Beckett), ne font pas le poireau : ils s'occupent comme ils peuvent. Et ils ont raison car Godot ne viendra pas. Nous non plus, on n'aime pas poireauter. Tant pis pour celui qui nous fait attendre, on ne sera plus là quand il arrivera. Et c'est lui qui restera planté comme...un poireau.

Retourner comme une crêpe

On ne fait pas cuire une crêpe comme on le ferait d'un gâteau : une crêpe, on doit la faire sauter pour la retourner.

Les crêpes appartiennent au rituel de la Chandeleur qui transforme les réunions de famille en parties de rigolade pour les enfants. Car on ne fait pas cuire une crêpe comme on le ferait d'un gâteau : une crêpe, on doit la faire sauter pour la retourner. Si on n'a pas le coup de main, la crêpe ne saute pas, et elle ne se retourne pas là où il faudrait. L'opération est ratée mais les fous rires sont réussis. Faire sauter une crêpe est difficile, et la retourner correctement demande un geste sûr. Comme seul le plus adroit y parvient, ça l'inspire pour retourner son copain avec doigté. Qu'il le menace ou le cajole, il arrive à ses fins, et le retourne comme une crêpe en le faisant changer d'avis. Parce qu'une crêpe que l'on vient de retourner est toute plate, sans relief. Parfois le copain refuse de subir le même sort. Il reste insensible et ne se laisse pas manipuler. Alors, on le laisse tomber. Comme une crêpe.

Avoir un verre dans le nez

Le nez de celui qui a trop bu devient rouge comme le vin dont il a abusé.

Cette image surréaliste ne décrit ni la rétention d'eau ni la consommation excessive de sodas car c'est d'un verre de vin qu'il s'agit. Ou, plus exactement, de plusieurs verres. Et ce qui est dans le nez, ce n'est ni le verre ballon ni le verre à pied, c'est l'alcool qu'ils contiennent. Cette expression familière signifie que la personne est ivre. Car le nez de celui qui a trop bu devient rouge comme le vin dont il a abusé. Les mêmes effets sont valables après une consommation de champagne, de rosé ou de pinot blanc. Si vous avez bien arrosé votre promotion ou le mariage de votre fille et si vous n'avez pas d'éthylotest, regardez-vous bien dans la glace : si votre appendice nasal est rouge, c'est que vous avez un verre dans le nez. Si vous voyez deux nez au lieu d'un, c'est pire. Donnez vos clés de voiture à votre copain. Mais choisissez-le bien. Et, surtout, regardez son nez.

Ça ne mange pas de pain

Au XVIIe siècle, on a eu recours à cette expression pour signifier que si on puisait un peu dans la réserve de pain, ce n'était pas très grave.

Ces paroles, encore en vigueur aujourd'hui, nous parlent d'hier. Ou d'avant-hier : il y a bien longtemps, le pain était l'aliment de base et quand on en avait en abondance on était rassurés… et repus. Au XVIIe siècle, on a eu recours à cette expression pour signifier que si on puisait un peu dans la réserve de pain, ce n'était pas très grave, il en restait suffisamment. Ça ne mangeait pas de pain de manger plus que nécessaire. Et ce qui ne mange pas de pain aujourd'hui ne demande aucun effort et ne fait prendre aucun risque. Tous les débrouillards vous le diront, qu'ils doivent passer l'oral du bac ou tenter de gagner à la belote. L'étudiant n'a rien à perdre, alors il invente sa réponse. Des fois ça marche. Quand César répète *« Tu me fends le cœur »*, pour influencer Escartefigue (Marcel Pagnol), il sait que son jeu est bien innocent. Ça ne mange pas de pain de vouloir gagner. Et que dire de nos dirigeants qui arrivent à nous séduire avec leurs discours… On n'est pas dupes : les promesses, ça n'engage à rien. Ça ne mange pas de pain.

Ne pas mâcher ses mots

« Ne le querre maschier » signifiait qu'on ne cherchait pas à dissimuler. Parce qu'on n'avait rien à cacher.

Je ne vais pas mâcher mes mots ni y aller par quatre chemins pour vous parler de cette expression. Au XIIIe siècle déjà, on aimait la franchise. « Ne le querre maschier » signifiait qu'on ne cherchait pas à dissimuler. Parce qu'on n'avait rien à cacher. Trois siècles plus tard, celui qui aimait s'exprimer sans ménagement déclarait : *« Je ne lui macheroie point ses veritez. »* Il allait droit au but. Comme nous parfois : il arrive qu'on parle sans prendre le temps de réfléchir à ce qu'on va dire, ni surtout comment on va le dire. Ne pas mâcher ses mots, c'est montrer ce qu'on pense, sans hésiter. Mais on risque parfois de blesser son interlocuteur. Comment faire ? Peser nos paroles, rester dans le flou, manier la langue de bois ? Les mots seraient-ils comme la nourriture qu'on digère mal si on l'avale sans la mâcher ? Je préfère le franc-parler au langage alambiqué que personne ne comprend. Et, que ça plaise ou non à mes amis, je continuerai de ne pas mâcher mes mots. C'est clair ?

La cerise sur le gâteau

D'origine pâtissière, cette métaphore est née en Angleterre, le pays des chapeaux fleuris et des gâteaux décorés.

La cerise sur le gâteau, c'est cette touche finale qui embellit une réalisation. C'est la fleur qui décore les cheveux de la petite fille, ou l'arabesque pailletée qui entoure sa signature. D'origine pâtissière, cette métaphore est née en Angleterre, le pays des chapeaux fleuris et des gâteaux décorés. Où l'on ajoutait des oiseaux aux capelines et des guirlandes aux wedding cakes. La cerise était le top du top. En France, on a adopté cette « *cherry on the cake* », on l'a traduite sans peine, et on en a fait le signe emblématique de la perfection. Au XVIIIe siècle, les dames qui voulaient séduire collaient une mouche en velours sur leur visage pour en faire ressortir l'éclat. Cette mouche était petite, car si elle avait eu la taille d'une cerise, les gens de bon goût se seraient esclaffés : « *Ça alors, elle se prend pour Marie-Antoinette ! Une robe à paniers, une perruque haute et bouclée, des joues poudrées, et maintenant une mouche ! C'est le bouquet ! C'est la cerise sur le gâteau !* » Car il arrive que cette expression ait un sens péjoratif. C'est le comble !

Passer à la moulinette

Ce procédé de transformation alimentaire, voire de destruction, s'applique aux mauvais traitements qu'on fait subir aux gens.

La moulinette est ce petit moulin utilisé pour hacher ou broyer des aliments. Trop gros, ces derniers sont difficiles à faire cuire et à digérer, d'où la nécessité de les réduire en une purée. Bébé sera obligé de manger ses carottes, il n'aura plus d'excuse. Une fois passés à la moulinette, tous les légumes se ressemblent, ils ont perdu leur consistance. Ce procédé de transformation alimentaire, voire de destruction, s'applique aux mauvais traitements qu'on fait subir aux gens en les passant à la moulinette. On ne se lance pas dans cette opération à la légère : il faut un esprit acéré, doublé du désir de blesser et d'anéantir. On remonte une piste, on démonte un alibi, on joue avec sa proie jusqu'à l'anéantir. C'est ainsi que le « méchant » est traqué, et le « bon » laminé à jamais. Car à la moulinette, tout passe. Et tout casse.

Plein comme une huître

Cette expression « plein comme une huître » qui décrit les dégâts de l'alcool ou d'un excès de nourriture est une déformation de « plein comme une outre ».

Pour décrire l'ivresse, on est parfois à cours de comparaison. Un jour, un poivrot qui avait un faible pour les coquillages et crustacés a déclaré qu'il était plein comme une huître. On l'a cru, en imaginant cette huître de Bouzigues dont on se régale à condition d'arriver à l'ouvrir. Tout est bon dans l'huître, la chair et l'eau. La perle, il vaut mieux ne pas l'avaler. Cette expression « plein comme une huître » qui décrit les dégâts de l'alcool ou d'un excès de nourriture est une déformation de « plein comme une outre ». L'outre étant ce sac en peau de porc qui, au Moyen Age, permettait de transporter des liquides. S'il est impossible de stocker des aliments dans une outre, le dieu Eole (mythologie grecque) y enfermait les vents contraires à la navigation. Pour le plus grand malheur d'Ulysse. Bien que l'outre soit parfois une gourde, celui qui a trop bu ne dira jamais : *« Je suis plein comme une gourde. »* Qu'il soit plein comme une outre ou comme une huître, on lui interdira de prendre le volant pour rentrer.

Je n'ai pas un radis

Au XIXe siècle, le radis était un légume bon marché, que l'on offrait parfois gratuitement dans les cafés.

A celui qui vous annonce « *Je n'ai pas un radis* », ne répondez jamais « *Mange donc de la salade !* », ce serait de mauvais goût. Cette métaphore du radis, née bien avant la mise en place de la CMU et du RSA, illustrait la pauvreté absolue. Au XIXe siècle, le radis était un légume bon marché, que l'on offrait parfois gratuitement dans les cafés pour stimuler la soif des clients. Déjà à l'époque, tous les moyens étaient bons pour inciter à la consommation. De plus, la forme arrondie du radis rappelait celle du sou. Le malheureux qui n'avait pas un radis ne pouvait donc pas se nourrir car il n'avait pas un sou. Quand, au resto, votre copain se plaint de ne pas avoir un radis parce qu'il vient de changer de voiture, ne le croyez pas, il veut juste vous faire croire qu'il est fauché. Histoire de vous inciter à lui offrir son repas. Prenez-le donc au mot : puisqu'il prétend qu'il n'a pas un radis, offrez-lui en une botte.

En deux coups de cuillère à pot

En plus d'être utile pour « le rata du soldat », la cuillère à pot avait un je-ne-sais-quoi de chevaleresque.

Quand on dresse la table dans les règles de l'art, on dispose une cuillère par-ci, une cuillère par-là. Et pas l'inverse. Si on a du mal à placer la cuillère à pot, c'est parce qu'on en a perdu l'usage. Cette grosse louche était pourtant bien pratique pendant la Première Guerre mondiale car elle permettait de servir rapidement Bidasse et ses amis. Deux coups de cuillère à pot, et la gamelle était pleine. En plus d'être utile pour « le rata du soldat », la cuillère à pot avait un je-ne-sais-quoi de chevaleresque : elle était aussi un élément du sabre d'abordage des corsaires ainsi que de l'épée des trois (ou quatre) mousquetaires. C'était le nom donné à la coquille en forme de cuillère qui protégeait la main. On pouvait donc blesser sans se blesser. Même Zorro en a profité quand il signait son nom *« à la pointe de l'épée d'un Z qui veut dire Zorro »*, il le faisait avec maestria. En deux coups de cuillère à pot.

Mettre du beurre dans les épinards

Les épinards représentent nos conditions de vie, le beurre étant l'argent qui embellit le quotidien.

Les épinards nature, seul Popeye peut les manger. Cuits à l'eau, ils ont le goût d'eau. A la vapeur, ils ont le goût… d'épinards. C'est pour ça qu'on leur ajoute un gros morceau de beurre. Ce truc de cuisinier est devenu une métaphore de la valeur ajoutée : les épinards représentent nos conditions de vie, le beurre étant l'argent qui embellit le quotidien. Au Moyen Age, le beurre était un aliment de pauvres. Il a connu l'ascension sociale jusqu'à devenir l'ingrédient indispensable des recettes de cuisine. Aujourd'hui, il continue de signifier argent de poche pour les uns, supplément de revenus pour les autres. Comme tout travail mérite salaire, on commence par livrer le journal au voisin et le pain à la voisine. Ensuite on va chercher des enfants à l'école le lundi, on leur donne des leçons de guitare le mercredi et on livre des pizzas le week-end. Pour continuer, on promène des touristes dans la ville et on leur loue notre appartement. Le beurre « spécial épinards » n'est pas imposable.

Tomber dans les pommes

Au Moyen Age, celui qui tombait en pâmoison tombait dans les pâmes plutôt que dans les pommes.

Il s'agit ici d'un problème de santé que mon ami le docteur Knock ne prend jamais à la légère. L'image du maladroit qui tombe de son échelle pour s'affaler au pied d'un pommier peut faire sourire, et elle nous met en appétit car la compote est prête. Parlons plutôt de choses sérieuses : si votre ami tombe dans les pommes, il est au bord de la syncope, il perd connaissance, et vous perdez votre sang-froid. Au Moyen Age, celui qui tombait en pâmoison tombait dans les pâmes plutôt que dans les pommes. Mais ce vocabulaire n'est plus utilisé depuis tellement longtemps que l'on n'ose pas prendre cette explication au sérieux. Il vaut mieux se référer au bulletin de santé de George Sand qui, dans une lettre se disait tellement fatiguée qu'elle était *« dans les pommes cuites »*. Et quand les acteurs de théâtre étaient mauvais, il était fréquent que les spectateurs leur jettent des pommes cuites au visage. Quelle drôle de fin pour des fruits... Et quand les interprètes de Labiche tombaient dans les pommes, c'était de honte.

Avoir de l'oseille

Cette oseille-là n'est pas celle qu'on utilise pour faire un saumon à l'oseille.

Il n'est jamais trop tard pour apprendre à parler argot, ce n'est pas Michel Audiard qui aurait dit le contraire. Car cette oseille-là n'est pas celle qu'on utilise pour faire un saumon à l'oseille. La plante, appelée *Rumex acetosa* (comment, vous ne le saviez pas ?) a des feuilles larges et vertes qui rappellent les billets de banque. C'est pour ça que quand on a de l'oseille on a du blé, du fric, et même, je me suis documenté, de la thune ou du flouze. D'après une enquête menée auprès des fantaisistes du XIXe siècle, « oseille » serait la déformation d'« os », qui désignait l'argent. Ça reste à prouver. Ce qui est certain, c'est que les truands plagient Cicéron sans le vouloir car pour eux, le nerf de la guerre, ce n'est pas l'argent, c'est l'oseille. Mais le jour viendra où ils ne pourront plus suivre les conseils de Woody Allen (*Prends l'oseille et tire-toi*) car les billets seront remplacés par des cartes sans contact.

Comme un cheveu sur la soupe

Retenons seulement l'aspect incongru d'un objet qui s'est égaré là où on ne l'attendait pas.

Cette métaphore n'est pas appétissante du tout, elle coupe l'appétit des plus affamés. Je n'insisterai pas sur la présence de ce « corps étranger » dans la nourriture, de peur de vous faire sortir de table. Mais il s'agit seulement d'une image, heureusement. Cette locution, née il y a cent ans, décrit quelque chose qui n'est pas à sa place. Oublions cheveux et perruques, et retenons seulement l'aspect incongru d'un objet qui s'est égaré là où on ne l'attendait pas. Et celui qui arrive comme un cheveu sur la soupe surprend par sa présence. Il n'était pas invité. Même s'il est bien coiffé et rasé de près, il dérange parce qu'on n'avait pas prévu de l'accueillir. Pourtant, lorsque le fils prodigue de la parabole est rentré chez lui, son père ne lui a pas reproché d'arriver comme un cheveu sur la soupe : il a tué le veau gras pour célébrer son retour. Et si on essayait d'en faire autant ?

Casser la croûte

Peut-être un hommage pieux au Christ qui, la veille de sa Passion, a rompu le pain afin de le distribuer à ses disciples.

On casse la croûte quand on a un petit creux ou que l'on ne peut pas se permettre un repas dans un restaurant étoilé. Pour cette collation, chacun a sa recette, à base de concombres-radis pour les uns ou de rillettes-terrine pour les autres. Tout dépend du tour de taille que l'on veut entretenir. Mais surtout, il faut du pain pour casser la croûte. A la fin du XIXe siècle, cette expression signifiait que l'on partageait son pain avec quelqu'un. Si on ne cassait jamais la croûte en solo, c'était peut-être pour rendre un hommage pieux au Christ qui, la veille de sa Passion, a rompu le pain afin de le distribuer à ses disciples. Littéralement, quand on casse la croûte d'un pain, on en arrache un morceau. Pas besoin d'un couteau pour cela. Et le pain en question a pris un sens plus large, il est devenu nourriture. De plus, l'égoïsme étant le mal du siècle, on n'a besoin de personne pour casser la croûte. On vide le frigo en cachette afin de se régaler en douce. Il ne nous reste plus qu'à choisir entre la rondeur de la miche et la minceur de la baguette. Bon appétit !

Mettre les pieds dans le plat

On appelait « plat » une étendue d'eau peu profonde, au fond boueux et à la surface relativement claire.

Voilà une image amusante, et choquante pour les gens bien élevés que nous sommes. Car on sait qu'on met les plats sur la table et la gamelle du chien sur le carrelage de la cuisine. Au moment (XIXe siècle) où cette expression est née, on appelait « plat » une étendue d'eau peu profonde, au fond boueux et à la surface relativement claire. Celui qui mettait les pieds dans ce plat pataugeait dans la vase qui venait ainsi troubler l'eau. Les enfants adoraient ce jeu où ils s'éclaboussaient de boue. Gene Kelly (*Chantons sous la pluie,* film de Stanley Donen), qui n'avait rien d'un sauvageon, ne mettait pas les pieds dans le plat quand il sautait dans les flaques, il dansait sous la pluie, c'est tout. On met les pieds dans le plat quand on intervient dans une conversation sans y être invité. Nos paroles dérangent, on nous juge indiscret. Mais personne n'est à l'abri des remarques et des questions gênantes, et la loi du talion est sans cesse revisitée : chacun met les pieds dans le plat de l'autre. Ainsi va le monde.

Dur à cuire

Les vaillants soldats de Marengo et d'Austerlitz portaient des pantalons doublés de cuir. Ainsi protégés, ils ont résisté.

Si on dit de vous que vous êtes un dur à cuire, ne prenez pas ça pour un compliment. Car on parle de vous comme d'une viande coriace, difficile à cuisiner, et dont des heures de mijotage ne peuvent venir à bout. Le dur à cuire est dur en affaires, rien ne peut l'attendrir. Cette expression n'est réservée ni aux sans-cœur ni aux rôtis de troisième choix. Datée du XIXe siècle, elle renvoie, paraît-il, à l'argot des marins et des militaires : elle serait une allusion au cuir épais de leurs uniformes. Une telle hypothèse ne semble pas sérieuse, car on n'a jamais vu des matelots habillés en lederhosen (culottes de peau) comme les Bavarois. Et pourtant, les vaillants soldats de Marengo et d'Austerlitz portaient des pantalons doublés de cuir. Ainsi protégés, ils ont résisté. Mais l'histoire ne dit pas si les batailles les ont aguerris et si dans le civil ils ont gardé ce caractère endurci. Si c'est le cas, ils sont devenus intransigeants, voire entêtés. Comme ces durs à cuire qu'on n'arrive ni à séduire ni à influencer.

Pressé comme un citron

Pour éviter le gaspillage, on presse le citron jusqu'à ce qu'il ne reste que l'écorce.

Avez-vous déjà eu l'impression d'être pressé comme un citron par un patron sans scrupules ? Si oui, mettez-vous en arrêt maladie. Vous enchaînerez avec les jours de RTT et les vacances, histoire de vous refaire une santé. On connaît les bienfaits du jus de citron, conseillé par les nutritionnistes. Il agrémente aussi le poisson et les salades de fruits. Pour éviter le gaspillage, on presse le citron jusqu'à ce qu'il ne reste que l'écorce. Que l'on jette parce qu'elle n'a plus de jus. Voilà ce qui arrive quand on s'est bien servi de vous : on vous a exploité sans relâche, on a pris tout ce que vous pouviez donner jusqu'à ce que vous ne soyez plus rentable. On vous met alors au placard, où vous faites des tâches sans intérêt. Un jour, vous en avez marre d'être pris pour une bonne poire. Vous partez bien vite sans attendre que l'on vous jette. Et sans prendre le temps de saluer vos collègues que vous gratifiez d'un : *« Excusez-moi, je suis pressé ! »*

Faire son beurre

Quitte à se contenter de pain sec, les gens honnêtes ne cherchent jamais à faire leur beurre.

Il y a plusieurs façons de faire son beurre : si on veut agrémenter son sandwich au jambon à l'aide d'un produit « fait maison », on se procure de la crème fraîche et du sel et on suit le mode d'emploi. Et si on rêve du label AOC, on va demander conseil à un crémier. Rien de plus normal. Mais si on souhaite faire son beurre tout court, sans matière grasse et sans baratte, cela signifie que l'on cherche à faire des bénéfices. Comportement à éviter à tout prix. Car, quitte à se contenter de pain sec, les gens honnêtes ne cherchent jamais à faire leur beurre. Ils laissent ce comportement aux opportunistes, qui sont toujours à l'affût d'une occasion de s'enrichir. Spécialistes de la tricherie, ils grossissent leurs revenus aux dépens d'autrui. Ils ont le choix entre faire leur beurre sur le dos des chômeurs ou des paysans, des jeunes sans diplômes ou des producteurs de lait, voire des pauvres à qui ils louent des chambres insalubres. Alors, un conseil : ne faites pas votre beurre, achetez-le. Il est en promotion, en ce moment.

La soupe à la grimace

Aussi revêche et mal coiffée que la Poison, héroïne de Guitry, elle lui sert une soupe peu appétissante.

Pour faire une soupe à la grimace, il faut de la colère et de la frustration en quantités égales. On fait mijoter tout ça et on remplit l'assiette de son mari avec une moue hostile. La même recette est valable quelle que soit la saison. Quand monsieur rentre tard du café où il a trinqué avec ses copains, sa femme fait la tête. Et je suis poli. Coincée à la maison par les corvées multiples, elle n'a pas du tout envie de lui faire plaisir. Aussi revêche et mal coiffée que la Poison, héroïne de Guitry, elle lui sert une soupe peu appétissante. Il sait qu'il n'aura pas intérêt à critiquer, et que ce soir, au moment du coucher, elle aura la migraine. Dans *Les Innocents* (1916), Francis Carco parle de soupe aux larmes : il y a cent ans, les femmes étaient soumises, et quand elles étaient malheureuses, elles se contentaient de pleurer. Depuis, elles ont le droit de voter contre et de défiler dans les rues. A la maison, elles se vengent à leur façon. Alors, si vous n'avez jamais mangé de soupe à la grimace, estimez-vous heureux.

Sabler le champagne

Puisqu'il est difficile de sabrer le champagne, on peut toujours dire qu'on le « sable ».

Une mise en garde : n'essayez jamais de sabrer le champagne, c'est une technique délicate que seuls maîtrisaient les hussards napoléoniens. Trancher le goulot d'un coup de sabre a beau être spectaculaire, je ne vous le conseillerais pas, surtout si vous n'avez qu'un couteau suisse. Laissez-moi vous parler d'un autre traitement réservé à cette boisson à bulles : puisqu'il est difficile de sabrer le champagne, on peut toujours dire qu'on le « sable ». Et comme personne n'est capable de nous dire pourquoi, on imagine. Il paraît qu'on sable le champagne en hommage posthume au fondeur d'autrefois qui faisait couler le métal en fusion dans un moule en sable. Pourquoi pas. D'autres parlent du temps où on rafraîchissait sa bouteille dans le sable. Et puis, sous Louis XIV on sablait le champagne en y versant un peu de sucre en poudre afin qu'il ait davantage de bulles. Autant d'explications qui ne nous décourageront pas d'ouvrir une bouteille… en évitant de l'agiter pour faire exploser le bouchon et nous asperger. Sauf si on est pilote de Formule 1.

N'en faire qu'une bouchée

Celui qui se croit plus fort anéantit son adversaire.

Il faut vraiment être un goinfre pour ne faire qu'une seule bouchée d'un aliment. Sauf s'il s'agit de petits amuse-bouches. Cette image d'un personnage gargantuesque qui engloutit la nourriture, on ne la trouve pas dans les manuels de savoir-vivre, mais plutôt au rayon des relations humaines truquées. En face du gros, le petit ne fait pas le poids, il va se laisser dominer. C'est pour ça que Titi a peur de Grosminet, qui ne ferait qu'une bouchée de lui. Il y a plusieurs façons de s'imposer, et celle-ci est la plus radicale car celui qui se croit plus fort anéantit son adversaire. Alors que Bernard Blier *(Les Tontons flingueurs), « dynamite, disperse, ventile ! »*, il fait une seule bouchée de celui qui le gêne. Il le terrorise, l'impressionne, le flatte, jusqu'à la victoire. Il paraît que c'est la loi de la nature.

Ramasser à la petite cuillère

Celui qui a demandé qu'on le ramasse à la petite cuillère se sentait complètement liquéfié.

Il y a des jours où l'on ne tient pas debout, où l'on éprouve cette grande fatigue qui nous prive de nos jambes. On est à ramasser à la petite cuillère. Cette image est amusante, elle nous décrit à terre, à la merci de celui qui voudra bien nous secourir. Mais comment va-t-il nous ramasser ? A la main, comme des haricots ? Ça prendrait trop de temps. A la louche ? Pas assez précis. A la pelle, comme les feuilles mortes ? Trop pénible. Et Yves Montand n'est plus là pour l'aider. Il reste la petite cuillère, qui a sûrement ramassé des milliers de gens, bien qu'on ne sache pas qui a eu l'idée de l'utiliser en premier. Celui qui a demandé qu'on le ramasse à la petite cuillère se sentait complètement liquéfié, avec le corps aussi douloureux que si on l'avait roué de coups. La cuillère s'imposait donc. Grande, elle aurait été plus efficace, mais, petite, elle a ce côté modeste de celui qui n'en peut plus et qui ne veut pas déranger. Il veut bien qu'on l'aide, mais discrètement. Excusez-moi de vous quitter si vite, je ne me sens pas très bien.

1
2
3
4

Pour des prunes

Cette expression est savoureuse car elle nous aide à digérer nos déceptions.

Cette expression est un constat. Non pas que la cueillette de prunes a été bonne mais qu'on a agi pour rien. On s'est donné du mal, et résultat : néant. On a travaillé pour des prunes. Qui, dès le Moyen Age, signifiaient quelque chose sans valeur. Et qui ont ensuite traîné mille ans d'histoire derrière elles : la deuxième croisade en Orient (1147-1149) avait été un échec et les croisés, vaincus, n'avaient rapporté pour seul butin qu'une variété de prunier. La honte ! D'où la remarque sarcastique de Louis VII : « *Ne me dites pas que vous êtes allés là-bas uniquement pour des prunes !* » Légende ou pas, cette expression est savoureuse car elle nous aide à digérer nos déceptions. Les valeureux croisés se sont peut-être battus pour des prunes mais ils se sont battus quand même. Et nous, on continue d'entreprendre, quel que soit le résultat. Parce qu'il vaut mieux agir pour des prunes que pour des clous. Notre estomac n'en voudrait pas.

Vieux croûton

On refuse d'être ce vieux croûton péjoratif, dépassé, vestige d'un autre âge.

Si on vous traite de vieux croûton, il n'y a pas de quoi être fier. Ça signifie que votre âge vous trahit. Mais comme cette insulte vient d'un gamin qui croit tout savoir et tout connaître de la vie, prenez-la pour un écart de langage. Sans plus. On n'échappe pas au poids des ans, et on essaie tant bien que mal de vieillir sans devenir vieux. Ni vieux croûton, ni vieux croulant, ni petit vieux. Comme on perd le sens de l'humour en même temps que l'on perd ses cheveux, on n'apprécie pas d'être vu tel que l'on est. On refuse d'être ce vieux croûton péjoratif, dépassé, vestige d'un autre âge. Et qui se couvre de ridicule si, à l'instar d'Arnolphe (*L'Ecole des femmes*, Molière) ou de Bartholo (*Le Barbier de Séville*, Beaumarchais), il rêve d'épouser une jeune fille. Comme on n'est pas né de la dernière pluie, certains d'entre nous ont acquis de la sagesse, ce qui nous permet de répondre aux djeunes : *« On n'apprend pas aux vieux croûtons, pardon, aux vieux singes à faire la grimace ».*

Cuisiner quelqu'un

L'officier de police judiciaire cuisine le suspect lors de sa garde à vue. Tantôt il le fait mijoter, tantôt il le harcèle.

Les rapports qui lient les hommes entre eux sont souvent des rapports de force, et ils définissent qui mangera qui. Au cannibalisme on préfère des modes de cuisson élaborés. Le résultat est le même, à tous les coups on gagne. Ainsi, quand on veut faire parler quelqu'un, on le cuisine. Sans être diplômé d'une école hôtelière, on l'interroge sans relâche pour obtenir des renseignements ou des aveux. En lui disant : « *Nous avons les moyens de vous faire parler.* » La victime de ce comportement sadique a du mal à tenir le coup et, quand elle est à bout, elle est prête à trahir père et mère. L'officier de police judiciaire cuisine le suspect lors de sa garde à vue. Tantôt il le fait mijoter, tantôt il le harcèle. Comme le chef qui prépare un gibier et qui alterne cuisson à feu vif et cuisson à feu doux. Au bout de plusieurs heures de huis-clos, il n'y a plus de présomption d'innocence. Le suspect a tout avoué. Il est cuit.

Boire la tasse

Avant, on parlait même de grande tasse, ce qui en disait long sur la quantité avalée.

Boire la tasse n'est jamais agréable, ça nous fait tousser. Avant, on parlait même de grande tasse, ce qui en disait long sur la quantité avalée. L'eau est indispensable à la vie, mais quand il y en a trop, elle signifie « inondations ». Elle est également synonyme de naufrage, et nombreuses sont les images qu'elle a inspirées. Quand on est sur l'océan, on rame. Parfois, quand le bateau prend l'eau, on coule. Pendant que le matelot crie *« Un homme à la mer ! »*. Et ce n'est pas une gorgée d'eau que l'on avale quand on boit la tasse, ce sont des litres. Cette *« grande tasse »* que les malchanceux buvaient au XVIIIe siècle était surtout utilisée au sens figuré. Elle avait un goût d'échec. Aujourd'hui, la tasse est moins grande et elle a perdu sa signification : de celui qui a fait de mauvaises affaires et qui a perdu tout son argent, on dit rarement qu'il boit la tasse. Il est ruiné, c'est tout. C'est son petit garçon qui boit la tasse à la piscine quand il oublie de mettre sa bouée.

Une bonne poire

L'image de la bonne poire qui tombe de l'arbre quand elle est bien mûre évoque la naïveté de celui qui tombe dans un piège.

Si on vous traite de bonne poire, ne prenez pas ça pour un compliment, même si vous adorez ce fruit dodu, juteux à souhait. L'image de la bonne poire qui tombe de l'arbre quand elle est bien mûre évoque la naïveté de celui qui tombe dans un piège. Vous ne trouvez pas que c'est un comble d'utiliser les qualités d'un fruit pour décrire nos défauts ? Une bonne poire dans laquelle on mord n'est jamais trop bonne. Et celui qu'on assimile à une bonne poire est gentil. Mais comme il est trop gentil, trop bon, trop serviable, trop tout, c'est un faible. La bonne poire qui emmène sa voisine faire le plein au supermarché un samedi après-midi, c'est vous. Qui accepte de boucler un dossier urgent à rendre lundi matin, c'est vous. Vous vous demandez même si vous n'avez pas une tête de bonne poire. Regardez-vous dans la glace, et si vous voyez une poire à la Louis-Philippe, ne prenez pas peur. Entraînez-vous à dire « *Non !* » devant votre miroir. Apprenez à être égoïste. Vous trouverez bien une bonne poire pour faire vos corvées.

Manger le morceau

Ce jeûne forcé était supportable quelques heures, il avait tous les bienfaits d'une cure détox.

Celui qui mange le morceau est une balance. Mais encore : cette affirmation sibylline, datée du XVIIIe siècle, décrit la méthode employée par les policiers pour faire parler un truand. La torture étant jugée trop traumatisante, on se contentait de le priver de nourriture car déjà à l'époque on savait que la faim fait sortir le loup du bois. Ce jeûne forcé était supportable quelques heures, il avait tous les bienfaits d'une cure détox. Mais s'il était prolongé, le suspect craquait. Il était prêt à tout en échange d'un repas, et il passait aux aveux. Il dénonçait ses complices pour un morceau de pain ou un plat de lentilles. Parmi ses copains, on savait que, comme il avait mangé le morceau, il avait trahi. Aujourd'hui, même si les suspects ne sont plus privés de sandwich pendant les gardes à vue, ils savent qu'ils ne résisteront pas longtemps. Alors au bout d'un moment, ils parlent. Ils balancent, ils donnent des noms. Ils mangent le morceau.

Cœur d'artichaut

Quand Juliette Gréco chante ses amours multiples, on a l'image d'un cœur qui s'effeuille.

Un botaniste vous dira que l'artichaut appartient à la famille des *Asteraceae*, et que son capitule (mais oui !) est formé de feuilles, de fleurons (le foin), et d'un cœur. Personnellement, c'est le cœur qui m'intéresse. Quand Juliette Gréco chante ses amours multiples *« J'aime celui qui m'aime, est-ce ma faute à moi si ce n'est pas le même que j'aime à chaque fois »* (*Je suis comme je suis.* Jacques Prévert), on a l'image d'un cœur qui s'effeuille. La jeune fille qui a un cœur d'artichaut tombe facilement amoureuse, il suffit qu'un homme la regarde pour qu'elle craque. Elle rêve de lui... jusqu'à ce qu'elle s'amourache d'un autre individu puis d'un autre et ainsi de suite. Avec son cœur de midinette, elle illustre ainsi la forme proverbiale du XIXe siècle : *« Cœur d'artichaut, une feuille pour tout le monde. »* Généreuse et amoureuse, elle distribue son amour. Quitte à y laisser des plumes. Pardon, des feuilles.

Aux petits oignons

D'après Babette qui a régalé ses hôtes lors d'un grand festin, les oignons grelots sont les meilleurs.

Voilà une recette qui fait saliver... Les petits oignons qui agrémentent le rôti sont fondants à souhait, et même la ménagère oublie qu'ils l'ont fait pleurer quand il a fallu les éplucher. D'après Babette qui a régalé ses hôtes lors d'un grand festin, les oignons grelots sont les meilleurs. Ils ne tintinnabulent pas dans l'assiette, mais sont un régal. Et ils signifient que l'on a pris beaucoup de soin à préparer son repas. Depuis le début du XIXe siècle, les gens bien intentionnés sont sortis de leur cuisine où ils mijotent un repas aux petits oignons pour attribuer ce comportement à tous ceux qu'ils aiment : si on traite son ami aux petits oignons, cela signifie que l'on s'occupe bien de lui. On le dorlote, on le chouchoute, que sais-je encore. On veille à ce qu'il ne manque de rien car on ne veut ni le fatiguer ni l'empêcher de dormir. Mais si on le ménage trop, il y prend goût, et on risque de l'infantiliser, comme dit mon psy. Et nous, on déguste.

Il y a à boire et à manger

Cette expression qui décrit l'abondance évoque surtout le fouillis, l'accumulation d'objets utiles et inutiles.

Lors du passage en douane à Paris-CDG, monsieur doit vider ses poches. Et madame montre le contenu de son sac. Le douanier qui se prend pour Jacques Prévert n'en croit pas ses yeux car il y a à boire et à manger (et surtout à jeter) dans son bagage. Au début du *Déjeuner sur l'herbe* (Edouard Manet), quand la jeune fille impudique avait encore ses vêtements, il y avait à boire et à manger dans le panier pique-nique. Cette expression qui décrit l'abondance évoque surtout le fouillis, l'accumulation d'objets utiles et inutiles. Elle fait penser à un pot-pourri, ce mélange hétéroclite de fleurs glanées n'importe où que l'on fait sécher dans un bocal. Les profs de philo vous diront que dans les dissertations des jeunes penseurs de 18 ans, il y a à boire et à manger : les fulgurances côtoient les inepties. Et notre quotidien est fait de décisions que l'on doit prendre et de grandes idées qui aimeraient séduire. Mais chaque fois, on nous répond : *« C'est vraiment bien, ce que tu proposes. Mais… il y a à boire et à manger. »*

Ce n'est pas ma tasse de thé

Il paraît qu'au Brésil on dit *« Ce n'est pas ma plage »*, ce qui est logique pour les danseurs de samba.

Quand ce que l'on vous propose ne vous convient pas bien, vous avez le choix entre *« Ce n'est pas mon truc »*, que tout le monde comprend, et *« Ce n'est pas ma tasse de thé »*, qui est plus étrange. Comme si le thé était notre spécialité nationale... Il paraît qu'au Brésil on dit *« Ce n'est pas ma plage »*, ce qui est logique pour les danseurs de samba. Cette expression, empruntée aux Anglais, nous montre l'ampleur de leur influence. Quitte à aller trop loin. Leur musique et leur excentricité : d'accord, leurs chapeaux melon et leur famille royale : pourquoi pas, mais de là à nous imposer leur tasse de thé... Pourtant reconnaissons-leur le souci de ne pas blesser leur interlocuteur et de rester dans ce qui est *politically correct*. Voilà ce que nous devrions copier. Car leur « *It's not my cup of tea* », même s'il nous semble saugrenu, est quand même plus élégant que les « bof ! » de nos ados. Qui n'hésitent pas à inventer un vocabulaire codé pour dire qu'ils « likent » Rihanna. Et il n'y a pas que leurs profs d'anglais qui trouvent ça shocking.

Long comme un jour sans pain

La notion de longueur d'un jour sans pain a évolué pour signifier (au XVIIe siècle) la longueur tout court.

Pour les pauvres qui ont inventé cette comparaison, une journée sans pain était interminable lorsqu'ils n'avaient rien à manger, même pas un morceau de pain sec. La notion de longueur d'un jour sans pain a évolué pour signifier (au XVIIe siècle) la longueur tout court, qu'elle soit physique ou temporelle. Aujourd'hui, la référence au jour sans pain n'étant plus à la mode, on n'ose plus l'attribuer aux basketteurs qui mesurent plus de 2 mètres, et qui sont obligés de se baisser pour mettre la balle dans le panier. Et les enfants qui sont coincés sur la banquette arrière de la voiture, entre la glacière et la poussette du petit frère lors du départ en vacances ne diront jamais : *« Oh là là ! C'est long comme un jour sans pain, ce voyage ! »*, de peur que leurs parents ne les laissent sur une aire d'autoroute. Le jour sans pain n'est plus ce qu'il était. Depuis le XVIIIe siècle, il ne signifie plus que l'ennui. Car les journées sont longues quand on n'a rien à faire ! Surtout quand on n'a ni télé ni tablette. Et c'est pire lors du passage à l'heure d'hiver.

Faire bouillir la marmite

Cette image de la marmite évoque son contenu ainsi que le feu qui permet de le faire cuire.

« C'est quoi, une marmite ? » demande le petit garçon habitué aux repas réchauffés au micro-ondes. La marmite, mon petit, c'est ce récipient dans lequel on faisait cuire les légumes, avec éventuellement un peu de viande, et qui nourrissait toute la famille. Il y a longtemps de cela. Autrefois, le principal poste dans un foyer était la nourriture et non pas les vacances ou les jeux vidéo. Et c'est le père qui apportait l'argent nécessaire pour faire vivre les siens. Apparue au XVIe siècle, cette image de la marmite évoque son contenu ainsi que le feu qui permet de le faire cuire. Les scènes paysannes peintes par les frères Le Nain montrent ces cuisines sombres où l'on se nourrissait de pain et de la soupe contenue dans la marmite. Les comportements ont changé, et si monsieur et madame travaillent ce n'est plus pour faire bouillir la marmite, c'est pour gagner de l'argent. Ce qui revient au même, car bien que les marmites soient maintenant chez les brocanteurs, le souci d'assurer le quotidien grâce à un salaire est bien là.

Faire ses choux gras

Le chou était le légume le plus répandu, et les plus pauvres le mangeaient bouilli.

Il y a bien longtemps, au XVe siècle, le chou était le légume le plus répandu, et les plus pauvres le mangeaient bouilli. Bon pour la santé mais pas pour les papilles. Alors quand on pouvait lui ajouter un bout de lard, histoire de le rendre plus gras, c'était dimanche ! Cette valeur ajoutée améliorait les repas des jours de fête car le lard était au chou ce que le beurre est aux épinards. Cette innovation culinaire qui embellissait un légume banal est devenue la métaphore de l'opportunisme, voire de la débrouillardise malhonnête : celui qui a le don des affaires lucratives fait ses choux gras de toutes les situations. Prédateur redoutable, il repère facilement ses proies. Il abuse des faibles, plume les malchanceux, déterre les photos compromettantes et fait exploser les scandales. Son fonds de commerce est fait de tromperies, de magouilles et de révélations juteuses qui rendent son portefeuille aussi dodu qu'un chou gros et gras.

Mettre de l'eau dans son vin

Si vous adoptez la devise *in vino veritas*, la vie n'aura plus de secret pour vous !

Pour les œnologues et les amateurs de grands crus, c'est une hérésie de mettre de l'eau dans son vin. Gardez donc votre carafe bien fraîche pour votre pastis, et n'ajoutez rien à votre Château d'Yquem. Vous le savourerez pur. Si vous adoptez la devise *in vino veritas*, la vie n'aura plus de secret pour vous, vous mourrez ivre mais heureux. Pourtant, le procédé qui consiste à couper son vin était connu au XVe siècle : on pensait que grâce à lui les effets nocifs de l'alcool disparaissaient. Et l'individu irascible qui mettait de l'eau dans son vin faisait ainsi, paraît-il, passer sa colère. Puis on s'est rendu compte que l'eau miraculeuse ne faisait pas tout, et qu'elle se contentait d'atténuer les dégâts. Aujourd'hui, si le colérique met de l'eau dans son vin cela signifie qu'il souhaite modérer son comportement. Car c'est un art que de ne pas se laisser submerger par ses émotions. Cela nous permet d'écouter les autres sans les critiquer, et d'expliquer notre point de vue avec diplomatie. C'est ce qui s'appelle « être dans le contrôle ».

Manger de la vache enragée

Rien à voir avec nos soucis de gens bien portants qui se méfient de leur assiette.

Chaque fois qu'on mange, on prend des risques : notre steak vient peut-être d'une vache enragée ou folle, et notre côtelette, d'un mouton qui avait la tremblante (appellation homologuée). Grâce à Pasteur, la rage n'est plus contagieuse. La folie, si. Quant aux tremblements, ils sont redoutables. Reste le poisson contaminé au mercure et les végétaux génétiquement modifiés... De quoi nous inciter à faire la grève de la faim : au moins, on mourra en bonne santé. Cette vache enragée, à laquelle on se référait au XVIIe siècle, n'avait rien à voir avec nos soucis de gens bien portants qui se méfient de leur assiette. Elle évoquait la pauvreté de ceux qui n'avaient pas grand-chose à manger : ils étaient prêts à se nourrir d'animaux en mauvais état que le contrôle sanitaire jugerait aujourd'hui impropres à la consommation. La misère est encore d'actualité, et cette expression aussi : celui qui mange de la vache enragée ne se préoccupe jamais des dates limites de consommation ou de durabilité minimale. D'après lui *« ces dates-là, c'est pour les riches »*.

Manger sur le pouce

Les déjeuners sont escamotés, on les prend sur le pouce, sous forme de sandwiches.

Pour manger sur le pouce, il faut une certaine dextérité. Imaginez : dans votre main gauche, un morceau de pain. Dans la droite, un couteau avec lequel vous coupez une tranche de saucisson, que votre pouce gauche reçoit et fait glisser sur le pain. J'ai essayé plusieurs fois, sans effet. Peut-être est-ce plus facile pour les gauchers. Ce rituel rapide et efficace est devenu une métaphore au XIXe siècle : les ouvriers, qui n'avaient pas de pause repas, devaient manger vite. Les soldats en période de guerre aussi. En mangeant sur le pouce, ils ont inventé le fast-food. On a perdu les gestes, mais comme on apprend vite, qu'on travaille vite et qu'on roule vite, il est normal qu'on mange vite. Les déjeuners sont escamotés, on les prend sur le pouce, sous forme de sandwiches. Quant à la boîte à bento, c'est la version branchée de la gamelle du petit soldat, un des premiers à avoir mangé sur le pouce.

Etre beurré

Notons pourtant qu'au début du XIXe siècle, les imprimeurs parlaient de pages « beurrées ».

Qu'est-ce qui est beurré, à part la tartine du petit-déjeuner ? C'est l'ivrogne, pour qui *« trois verres, bonjour les dégâts ! »* et qui, comme Bourvil, veut nous faire croire qu'il préfère l'eau ferrugineuse à l'alcool. Celui qui a inventé cette expression argotique était soûl, il avait la bouche pâteuse. Comme l'alcool l'a fait déraper, de « bourré » il est devenu « beurré ». Notons pourtant qu'au début du XIXe siècle, les imprimeurs parlaient de pages « beurrées ». On les qualifiait ainsi car elles étaient surchargées de signes, aussi imbibées d'encre que celui qui est beurré est imbibé d'alcool. Passer ainsi d'un journal noirci de mots à l'attitude titubante d'un poivrot, seule une métaphore en est capable. Et, quand Nougaro était *« sous, sous, sous »* le balcon de Marie-Christine, était-il beurré comme un p'tit Lu ? Pourquoi pas, les biscuits contenant beaucoup de beurre. Comme un coing ? Nul ne peut le dire. Disons qu'il était beurré tout court.

Le gratin

Contrairement à M. Tout-le-Monde, le gratin ne fréquente ni les supermarchés ni les campings.

Si on est gourmand, on adore le gratin. Qu'il soit dauphinois ou provençal, on l'aime riche et onctueux. Quand il est bien gratiné, sa croûte nous fait saliver, et on le préfère à la purée lyophilisée ou aux légumes bouillis. Cette hiérarchie culinaire qui va de la recette basique au gratin fondant devient sociale quand on compare la masse et l'élite : rien à voir. Car, contrairement à M. Tout-le-Monde, le gratin ne fréquente ni les supermarchés ni les campings, on le croise dans les cocktails et les vernissages. Cette catégorie sociale ressemble à un club fermé, où les personnes les plus distinguées et les plus élégantes d'un milieu côtoient des industriels et des artistes, des milliardaires et des prix Nobel, etc. Le top du top. J'espère que ces personnes qui constituent le gratin, habituées des grands restaurants, apprécient aussi les repas faits maison, comme ce gratin bien gratiné qui m'attend. Et, si elles me pardonnent mon jeu de mots douteux, je les invite volontiers.

Ramener sa fraise

Arcimboldo (XVIe siècle) peignait des fruits et des légumes pour représenter les têtes de ses personnages.

Les fraises que l'on mange sont plurielles, alors que celle-ci, que l'on ramène, a une autre histoire. Cette expression, qui est née il y a une centaine d'années, vient sans doute de la comparaison argotique de la tête avec une fraise. Pourquoi pas ? Daumier avait bien caricaturé Louis-Philippe en poire, et, avant lui, Arcimboldo (XVIe siècle) peignait des fruits et des légumes pour représenter les têtes de ses personnages. Celui qui ramenait sa fraise était un homme bourru, qui faisait la tronche et qui aimait rouspéter. Aujourd'hui, l'image a changé, celui qui ramène sa fraise n'a plus le visage revêche, il arrive seulement quand on ne l'attend pas. Peut-être a-t-on oublié de l'inviter. Véritable parasite des réceptions et des réunions de famille, il ne passe pas inaperçu, il intervient dans toutes les discussions, donne son avis sur tout, même sur ce qu'il ne connaît pas. Ce roi du baratin ne peut pas s'empêcher de ramener sa fraise. Si j'osais, je l'enverrais aux fraises.

Le dindon de la farce

Les protagonistes étaient souvent des pères bafoués par des fils irrespectueux.

Inutile de feuilleter des livres de recettes car ce dindon-là ne se mange pas. Et les Américains ne le cuisinent jamais pour Thanksgiving. Quant à la farce, elle n'est pas non plus celle qu'on croit : c'est plutôt du côté du Moyen Age qu'il faut la chercher car elle désignait un genre théâtral très répandu. Il s'agissait d'une pièce comique (*La Farce de Maître Pathelin* est un modèle du genre), généralement faite de ruses et de fraudes, dans laquelle un personnage malin et flatteur essayait de l'emporter sur une victime trop crédule. Dans cette farce qui n'était rien d'autre qu'une moquerie, les protagonistes étaient souvent des pères bafoués par des fils irrespectueux. On les surnommait « les pères dindons ». Aujourd'hui, si l'intelligence animale ne fait aucun doute, celle des dindons est plus contestée... C'est pour ça qu'ils se font aisément manipuler. Et les jeunes filles qu'on traite de dindes n'ont pas non plus un QI très élevé. Souvent, elles se font avoir. Par qui ? Par des... farceurs, bien sûr !

Etre dans la panade

La panade est une sorte de potage fait de pain et d'eau ou de lait. C'est tout.

Vous voulez une recette ? La panade est une sorte de potage fait de pain et d'eau ou de lait. C'est tout. Comme il y a peu d'ingrédients pour l'agrémenter, elle est considérée comme le plat du pauvre. Bien sûr, le pain nous est indispensable et c'est « notre pain quotidien » que l'on demande dans nos prières. Mais, quand on n'a que lui pour se nourrir, c'est maigre. Même les Romains l'avaient compris, à qui les empereurs offraient *panem et circenses* (du pain et des jeux). Sans jeux, on est triste. Et si on n'a qu'une panade pour se nourrir, on est... dans la panade. Cette expression signifie que l'on est dans une mauvaise posture. Celui qui est dans la panade a des ennuis financiers, soit parce que son patron l'a licencié, soit parce que les lendemains qui chantent auxquels il a cru ne chantent plus. Alors, en pensant aux Romains qui demandaient des « *circenses* », il joue à La Bonne Paye. En mangeant sa panade.

Raconter des salades

On ne se laissera pas prendre par le bagout de celui qui nous raconte des salades.

Une mise au point s'impose : une salade, ça se mange, et des salades, ça se raconte. Les ingrédients de cette verdure qui ponctue un repas sont multiples, chaque ménagère a sa recette qu'elle agrémente d'herbes parfumées, de rondelles de ceci et de sommités de cela. Car la laitue s'ennuie quand elle est seule. La salade dont on se régale et qu'on appelle « composée » est donc plurielle, qui laisse à chaque convive le soin de découvrir tout ce qui l'accompagne. Et si on est capable d'identifier le contenu du saladier, on ne se laissera pas prendre par le bagout de celui qui nous raconte des salades : quand il veut nous faire avaler un mensonge, il invente une histoire, la saupoudre d'humour, raconte du faux qui a l'air plus vrai que le vrai, tout ça d'un ton tellement convaincant qu'on le croirait presque. Si vous êtes aussi méfiant devant son baratin que curieux devant votre assiette, vous ne vous laisserez pas prendre. Mais je connais de belles plantes qui aiment qu'on les séduise. Faites-leur plaisir, racontez-leur des salades.

Ne pas y aller avec le dos de la cuillère

Seul bébé hésite quand il joue avec sa purée mais s'il y va avec le dos de la cuillère il ne sera jamais rassasié.

Prise dans son sens littéral, cette expression ne veut rien dire car on sait tous comment se servir d'une cuillère. Et on sait qu'on la présente à droite de l'assiette, avec son côté bombé dessus. Les Anglais font l'inverse, qui placent son côté bombé sur la nappe. Comment mangent-ils donc leur potage ? Seul bébé hésite quand il joue avec sa purée mais, s'il y va avec le dos de la cuillère, il ne sera jamais rassasié. Car, quand on a faim, on n'y va pas avec le dos de la cuillère. De même quand on aime l'action et qu'on ne fait pas les choses à moitié : celui qui veut rénover sa maison ne se contentera pas de lessiver les murs, il abattra des cloisons ! Il n'y ira pas avec le dos de la cuillère. Pas plus que le gouvernement qui promet des augmentations de cotisations par-ci, d'impôts par-là. Ne pourrait-il pas utiliser notre argent avec parcimonie ? Et, quand les mécontents réagissent, leurs manifestations ne ressemblent pas à des défilés de mode. Ils n'y vont pas non plus avec le dos de la cuillère car ils ne connaissent pas la modération.

La coupe est pleine

Dieu a évoqué cette coupe *« pleine du vin de [sa] colère »* (Jérémie, ch. 25, v.15).

Savez-vous à qui on doit cette image d'une coupe pleine à ras bord ? A Dieu, tout simplement. Et il l'a fait exprès : quand il a évoqué cette coupe *« pleine du vin de [sa] colère »* (Jérémie, ch. 25, v.15), il savait que ses paroles seraient éternelles et qu'on les utiliserait encore aujourd'hui. Quand on a très soif, on souhaite que notre verre déborde. S'il est rempli d'eau, il va nous désaltérer, et s'il est sans faux col, les buveurs de bière vont se régaler. Va pour l'abondance au premier degré. Mais la tasse de café n'est jamais pleine, pas plus que le verre de whisky. Parce que, en connaisseur, on préfère la qualité à la quantité. Quant à la coupe que le vainqueur d'un tournoi embrasse comme si elle était sacrée, elle n'est pas pleine non plus. Quand la coupe est pleine, on en a ras le bol. Les ennuis s'accumulent, les déceptions succèdent aux échecs, nos amis nous laissent tomber et notre voiture est à la casse. La coupe est pleine, et ça nous rend méfiants : on ne pourra plus jamais entendre *« encore une p'tite goutte ? »* sans craquer.

Couper la poire en deux

La poire était un des présents offerts aux rois de France lors de leur sacre à Reims.

Couper un fruit en deux est un art car il a rarement une forme parfaitement symétrique. On imagine aisément les jérémiades de celui qui se sent lésé lors de la distribution : *« Il en a plus que moi ! »* On ignore si Adam et Eve se sont partagé la pomme de façon équitable, on sait seulement qu'ils l'ont croquée tous les deux. La poire est moins biblique, mais plus sacrée : elle était un des présents offerts aux rois de France lors de leur sacre à Reims. Cette poire, qui avait l'appellation de fruit royal, était offerte en entier parce qu'un roi, ça ne partage pas. Coupée en deux, elle a inspiré une saynète De Galipaux et Cressonnois, en 1882 (je me suis renseigné), intitulée *La Poire en deux,* qui montre à quel point il est difficile de se répartir les rôles avec justesse. Et on a tous le souci de faire des concessions et de distribuer équitablement les bénéfices et les risques, en évitant de privilégier l'un et de pénaliser l'autre. Car celui qui coupe la poire en deux n'a pas de chouchou. Sa devise est : *« Il y en aura pour tout le monde. »*

Compter pour du beurre

Il a fallu attendre le XVe siècle pour que le beurre devienne un produit de luxe.

Le beurre est une denrée à taux variable : s'il a la cote, il agrémente les épinards et le jambon-beurre. Et s'il « compte pour du beurre », il ne vaut rien. Comment s'y retrouver ? Il a d'abord été considéré comme la graisse du pauvre car, contrairement à l'huile, que l'on faisait seulement une fois par an, il était facile à produire. Pendant la période antique, on ne l'utilisait pas comme aliment mais on lui attribuait des vertus médicinales : on dit qu'il soignait les brûlures. Et c'est avec du beurre que Jules César faisait cirer ses sandales. Il a fallu attendre le XVe siècle pour que le beurre devienne un produit de luxe. Comme on traîne toujours son passé derrière soi, le beurre se souvient du temps où il comptait... pour du beurre. Il caractérisait quelque chose sans valeur. Et, au XIXe siècle, il y avait des jeunes filles que personne n'invitait dans les bals. On disait qu'elles « vendaient du beurre ». Mais elles se sont vengées depuis : depuis qu'elles ont le droit de vote elles ne comptent plus pour du beurre. Nous, par contre...

C'est fort de café

Des amoureux de calembours ont changé « fort en café » en « fort de café ».

Cette expression est encore très répandue. Pourtant ce n'est plus un café que l'on commande au café, mais plutôt un espresso comme à Rome. Ou un allongé si on aime l'eau chaude. Populaire en Europe dès le XVIIIe siècle, le café a toujours été plus fort que le jus d'orange. D'où l'exclamation *« C'est trop fort ! »* qui traduisait la surprise devant ce breuvage corsé. D'après le très sérieux *Dictionnaire du jargon parisien* (1878), que vous n'êtes pas obligé de lire, on apprend que des amoureux de calembours ont changé « fort en café » en « fort de café ». Voilà à quoi on jouait à l'époque où on n'avait pas la télé. Et voilà comment aujourd'hui on qualifie quelque chose d'excessif ou de difficilement acceptable : les indemnités baissent, les tarifs augmentent, et les mécontents font la grève. S'ils écrivaient sur leurs banderoles « C'est fort de café », celles-ci pourraient servir à toutes les occasions.

Appuyer sur le champignon

Quand il voulait se faire peur, le fou du volant appuyait sur le champignon.

Parmi les champignons il y a les cèpes, les chanterelles, ceux de Paris et d'ailleurs. Et puis il y a les autres. Car le champignon sur lequel on appuie n'atterrira jamais dans votre assiette : il est né avec les premières voitures, au début du XXe siècle. La pédale d'accélérateur était alors constituée d'une tige surmontée d'une boule, dont la forme faisait penser à un champignon. Ainsi, quand il voulait se faire peur, le fou du volant appuyait sur le champignon. Aujourd'hui les pédales d'accélérateur ressemblent plus à des plaques qu'à des bolets tout ronds, mais l'expression argotique est restée, et elle continue de décrire la vitesse. Non seulement elle convient aux pilotes de Formule 1 mais on pourrait l'appliquer à tous nos comportements car *« Vite fait, bien fait »* est devenue notre devise. Alors, à tous les amoureux de la performance et de la rapidité qui appuient sur le champignon sans prendre le temps de vivre, j'ai envie de parler italien et de leur dire : *« Chi va piano va sano e va lontano »*. J'espère qu'ils comprendront.

Faire l'andouille

Mais d'où vient donc cette andouille dont on recherche souvent la compagnie ?

Celui qui fait l'andouille aime amuser la galerie avec ses paroles et ses mimiques. Il ne se prend pas au sérieux, et il arrive qu'il soit drôle, voire irrésistible. Si on est bon public, on applaudit. Mais parfois on n'a pas envie de rire. On le trouve alors horripilant et on le fait taire en le traitant d'« *espèce d'andouille !* ». Ce qui nous montre la subtilité (ou les bizarreries) de la langue française : quand une andouille est qualifiée de « espèce de », elle ne fait rire personne. La reine Victoria dirait d'un air pincé : « *We are not amused* ». Mais d'où vient donc cette andouille dont on recherche souvent la compagnie ? D'origine inconnue, elle résiste à toute traçabilité. On imagine seulement qu'elle est née dans un moment de grande gaieté, et que celui qui a découvert ses talents d'amuseur public a accepté de « faire l'andouille » pour dérider ses amis. On se souvient encore de lui, car il a fait des émules. Coluche en était un, qui proclamait : « *J'suis l'andouille qui fait l'imbécile* ». On aimerait bien qu'il revienne...

Avoir du pain sur la planche

On préparait des miches que l'on posait sur des planches et qui permettaient à la famille de se nourrir pendant plusieurs jours.

Voilà le rêve de ceux qui meurent de faim dans la Corne de l'Afrique. Ce « pain quotidien » qu'ils n'osent plus demander au bon Dieu, ils ne l'ont pas. Celui qui, au XIXe siècle, avait du pain sur la planche, était assuré de ne manquer de rien : dans les fermes, on cuisait le pain une fois par semaine. On préparait des miches que l'on posait sur des planches et qui permettaient à la famille de se nourrir pendant plusieurs jours. Pendant que le tribunal distribuait des rations de pain aux voyous pour les nourrir pendant leurs années de bagne. Ce « pain sur la planche » prenait alors le sens de « corvées ». Aujourd'hui les détenus ne font plus grand-chose. Et nous, les honnêtes gens, on n'aime que les baguettes bien croustillantes. Quand le boulanger les prépare, il les dispose sur une planche avant de les mettre au four. Et quand il dit qu'il a du pain sur la planche ça signifie qu'il a du travail. Comme nous, qui avons des vacances à planifier, des livres à lire, des amis à inviter, etc. Parce qu'avoir du pain sur la planche, c'est être surbooké.

Croquer la pomme

Il y a les hédonistes, qui croquent la pomme et qui aiment faire l'amour parce qu'ils aiment la vie.

Cette métaphore évoque les plaisirs défendus autant que la désobéissance. On sait tous qu'il est interdit de voler des pommes dans un verger, mais on ne craint pas grand-chose car le paysan ne va pas nous chasser de son jardin pour si peu. Pourtant, une pomme peut changer une vie : c'est Eve qui a craqué la première, et depuis les femmes accouchent dans la douleur. C'est à cause d'elle qu'on a mis au point la péridurale. Ensuite il y a eu Blanche-Neige, qui a failli mourir de sa gourmandise. Et puis il y a les hédonistes, qui croquent la pomme et qui aiment faire l'amour parce qu'ils aiment la vie. Dans leur jardin d'Eden il n'y a pas de place pour l'interdit, ni pour la menace du châtiment divin. Aux Dix Commandements ils préfèrent ces paroles d'Oscar Wilde : la meilleure façon de résister à la tentation, c'est d'y céder. A bon entendeur...

Comme deux ronds de flan

Au XVIe siècle, le flan désignait la monnaie. Un morceau de métal était frappé pour recevoir l'empreinte de l'écu.

Si l'on vous dit que le flan que l'on vous offre pour le dessert présente deux ronds, il y a de quoi en rester comme deux ronds de flan. Une telle expression qui décrit la surprise, on peut se demander qui l'a inspirée. Je sais bien que les métaphores naissent de faits réels, mais de là à se pencher sur son assiette pour y chercher la réponse... Au XVIe siècle, le flan désignait la monnaie. Un morceau de métal était frappé pour recevoir l'empreinte de l'écu. Et celui qui se trouvait en possession de quelques pièces n'en revenait pas de sa richesse. Il regardait sa fortune avec des yeux ébahis, aussi ronds que ces ronds de flan qu'il avait dans la main. Parmi les autres tentatives d'explication, il y a ce flan, terme de typographie, qui au XIXe siècle désignait un carton nécessaire à la reproduction d'un livre. Et si, pas sérieux s'abstenir, le flan était l'orthographe escamotée du flanc ? Dans ce cas, les deux ronds de flanc désigneraient... les fesses. Sur lesquelles on se retrouve quand on est stupéfait.

Etre dans le pétrin

Il y a longtemps, le pétrin était un coffre en bois dans lequel le boulanger pétrissait la pâte.

Une pâte à pain pétrie dans un pétrin, c'est plus qu'une allitération, c'est une évidence. Car le pétrin est cette cuve dans laquelle on mélange la farine, le sel et l'eau. Il y a longtemps, le pétrin était un coffre en bois dans lequel le boulanger pétrissait la pâte. Il valait mieux qu'il ne tombe pas dedans car comme elle était molle il aurait eu du mal à s'en extirper. Le boulanger dont la femme vient de partir avec un *« berger de gouttières »* (*La Femme du boulanger*, Marcel Pagnol), se lamente en disant : *« Je suis dans le pétrin, un pétrin qui ne pétrit plus. »* Voilà ce pétrin dans lequel on se trouve quand on est confronté aux ennuis. On est englué comme dans des sables mouvants. La pâte à pain est tellement collante que plus on bouge, plus on s'enfonce. Tout va mal quand on est dans le pétrin, parce qu'on sait qu'un problème peut en cacher un autre. On pense alors à la petite chatte Pomponnette qui reviendra après sa fugue, et à Raimu qui va se remettre à faire du pain. Quant à nous... on s'en sortira. De quoi ? Du pétrin, bien sûr !

En rang d'oignons

Le baron d'Oignon était chargé du protocole des Etats généraux réunis à Blois en 1576.

Les oignons se présentent en vrac, en bottes, ou, si le paysan aime l'ordre, en rangs. Dans ce cas, ils sont à la queue leu leu. Le « rang d'Oignon » (qui tient à sa majuscule) se réfère au baron d'Oignon, chargé du protocole des Etats généraux réunis à Blois en 1576. Maître de cérémonies, c'est lui qui, en assignant les places des seigneurs et des députés sous Henri II, les disposait en rangs d'Oignon. Quelques décennies plus tard, au début du XVIIe siècle, ceux qui se mettaient « en rang d'oignons » (sans majuscule, cette fois) prenaient place dans une réunion où ils n'étaient pas invités. Comment s'y retrouver dans ces rangs qui signifiaient tantôt la rigueur tantôt la pagaille ? D'autant plus qu'un rang qui décrit le désordre, c'est un oxymore... Nous, enfants, c'est en rangs d'oignons que l'on posait pour les photos de classe « à la Doisneau ». Quant aux chefs d'Etat réunis lors du G8 ou du G20, ils ont droit à une photo de famille qui les présente eux aussi en rangs d'oignons. Parfois il faut deux rangs.

Avoir les jambes en compote

Nos muscles ont fondu comme ces pommes qu'on coupe en petits morceaux pour en faire une compote.

Quand on n'a ni scooter ni voiture, on marche. Et quand on marche longtemps, on a les jambes en compote. On se traîne jusqu'à chez soi (on ne savait pas qu'on habitait si loin), en s'asseyant à chaque terrasse de café pour reprendre des forces. Et là, après un demi bien frais, c'est pire. Alors on prend un taxi. Le lendemain, on décide de rester à la maison. Mais malgré des heures de repos, on s'aperçoit que nos jambes sont dans le même état. En compote, vous dis-je. Ce scénario, on le connaît tous. Qu'on ait trop couru ou qu'on n'ait rien fait, nos jambes n'ont plus de tonus. Nos muscles ont fondu comme ces pommes qu'on coupe en petits morceaux pour en faire une compote. On rêve de rencontrer Usain Bolt pour lui demander : « *Et les jambes ? Ça va ?* » Et comme on souhaite se ménager, on reste à la maison, avec une pensée émue pour Philippidès, ce messager grec qui a couru de Marathon à Athènes. Quand il est arrivé, il avait sûrement les jambes en compote. Et il en est mort.

Graisser la patte

Beaucoup sont prêts à vendre leur âme au diable à condition qu'on leur graisse la patte.

Comment fait-on pour demander une faveur à quelqu'un ? Quand la requête polie ne suffit pas et qu'on ne veut pas avoir recours à la force, on séduit. Si ça ne marche pas, on soudoie. En d'autres termes, on graisse la patte. Au XIVe siècle, on disait « oindre la paume ». Formule joliment désuète, dans laquelle la notion de matière grasse était déjà associée à celle de profit. L'individu dont on graissait la patte (je m'abstiendrai de conjuguer le verbe « oindre » à l'imparfait) recevait une somme d'argent en échange d'un service. Peu scrupuleux, il s'empressait d'obtempérer. Et si l'on parlait de sa patte plutôt que de sa main, c'est probablement parce qu'il ne méritait pas qu'on le traite comme un homme. Aujourd'hui, il paraît qu'on peut tout acheter, même les gens. Dont beaucoup sont prêts à vendre leur âme au diable à condition qu'on leur graisse la patte. Ou qu'on leur oigne la paume.

Lune de miel

Douceur des relations amoureuses, et des premiers jours passés à deux.

Il s'agit d'une lune qu'on ne voit pas dans le ciel, surtout pas à l'occasion d'une éclipse. Cette lune n'est ni pleine ni nouvelle, et elle ne fait pas de quartiers. Elle aussi dure 29 jours, mais ce n'est pas le calendrier qui la définit, c'est la date des noces. Cette période s'est appelée « lune de miel » au XVIIIe siècle, probablement en référence à l'anglais « honeymoon ». Car le miel (honey) qui la qualifie évoque la douceur. Douceur des relations amoureuses, et des premiers jours passés à deux. Douceur aussi de l'hydromel aux vertus aphrodisiaques dont les jeunes mariés s'enivrent... Mais voilà que je m'égare, et que je rêve d'un temps révolu où les époux se découvraient lors de la nuit de noces. Venaient ensuite le voyage de noces, puis la naissance du premier enfant, suivie de celle du petit frère, etc. Aujourd'hui les événements familiaux ont lieu dans le désordre. On s'offre plein de voyages de noces avec un partenaire, puis avec un autre, on a un ou deux bébés, et enfin on se marie. Quant à la lune de miel... elle est devenue fade.

Pour une bouchée de pain

Aujourd'hui elle est devenue l'unité de mesure des petites dépenses et des bonnes affaires.

Une bouchée de pain, ce n'est pas grand-chose. Votre femme le sait bien, qui vient de faire les soldes et qui a eu une paire de chaussures pour une bouchée de pain. Cette image d'une petite quantité qu'on offre en échange d'autre chose, on en parlait déjà au XVIIe siècle. On disait alors : « *Je te donne une bouchée de pain, tu me donnes trois œufs.* » Aujourd'hui elle est devenue l'unité de mesure des petites dépenses et des bonnes affaires. Ce n'est plus du pain qu'on donne pour avoir le pull de ses rêves, c'est son numéro de carte Bleue. Le troc a disparu de notre quotidien, c'est l'argent qui l'a remplacé. Même quand on est généreux : on ne donne pas de pain aux SDF. qui font la manche, on leur donne un euro. Il y a quand même cet Auvergnat qui a offert du pain à Brassens pour qu'il en fasse une chanson : « *Ce n'était rien qu'un peu de pain, mais il m'avait chauffé le corps* » *(Chanson pour l'Auvergnat)*. Du bonheur pour une bouchée de pain.

Qui dort dîne

Le patron ne disait jamais aux voyageurs *« Dîner ou dormir, il faut choisir »*, il leur imposait de prendre un repas avant de leur donner une chambre.

Si votre enfant vous dit *« Quand est-ce qu'on mange ? J'ai faim ! »* ne lui répondez pas *« Va donc te coucher ! »*. Il ne comprendrait pas car ce dicton « Qui dort dîne » n'a plus aucun sens aujourd'hui. Que signifiait-il donc hier ? Ménandre, auteur comique grec (342-292 avant J.-C.), affirmait que *« Le sommeil nourrit celui qui n'a pas de quoi manger »*. Ah bon ? Ça expliquerait donc pourquoi les clochards dorment en plein jour, sur des bancs ou à même le trottoir ? Ils dormiraient parce qu'ils n'ont pas de quoi dîner ? C'est à dormir debout. « Qui dort dîne » a plutôt été inventé pour les voyageurs qui, au Moyen Age, souhaitaient passer la nuit dans une auberge. Le patron ne leur disait jamais *« Dîner ou dormir, il faut choisir »*, il leur imposait de prendre un repas avant de leur donner une chambre. La voilà, cette formule demi-pension que je croyais récente ! Et que je ne choisirai jamais : je vais à l'hôtel pour dormir et non pas pour dîner.

Ne pas être dans son assiette

Comme « assiette » vient du verbe « asseoir », elle n'a rien à voir avec les arts de la table.

Vous me dites que vous n'êtes pas dans votre assiette ? Je vous plains, mais les enfants se moquent de vous, car même une grande assiette n'est pas assez grande pour qu'on s'y assoie. Cherchons plutôt une explication plus rationnelle. Comme « assiette » vient du verbe « asseoir », elle n'a rien à voir avec les arts de la table, et d'après Montaigne ce mot signifiait « la manière d'être assis », ce qui est plus cohérent. Le cavalier qui n'était pas dans son assiette avait des chances de se retrouver par terre. D'après le même Montaigne, cette expression s'est élargie jusqu'à décrire une façon de se tenir, et de là, une façon d'être. Celui qui est dans son assiette est équilibré, bien dans sa vie. Sachez que l'assiette dans laquelle on vous sert votre steak-frites est seulement entrée dans les mœurs au XVIe siècle. Avant, le plat était posé au milieu de la table, et on mangeait avec les doigts. L'assiette ne désignait que la place où s'asseyait le convive. Celui qui ne pouvait pas atteindre le plat se sentait exclu, pas dans son assiette.

Mettre les petits plats dans les grands

Peu importe si le repas est raté, on a mis les petits plats dans les grands.

Un petit plat est toujours bon. Peu importent les ingrédients, il a été cuisiné avec soin et on s'en régale. Quant au grand plat, bizarrement, il signifie seulement que la vaisselle est belle : madame a sorti le service reçu en cadeau de mariage. Dans ce cas, « grand » n'est plus l'opposé de « petit ». Cette anomalie date du XIXe siècle : ruinés, les bourgeois ne pouvaient plus se permettre d'offrir des grands repas. Il leur restait, en plus de leurs appartements spacieux mais inchauffables, leur luxueuse vaisselle. Les plats qu'ils offraient à leurs convives étaient à la fois petits parce que les mets étaient simples (mais bons), et grands parce qu'on les servait dans des assiettes splendides qui avaient connu les jours d'abondance. Les convives étaient comblés. Aujourd'hui, qu'on ait un service de Sèvres ou non, on aime faire plaisir à ses amis : pour eux, on met les petits plats dans les grands. On passe des heures dans sa cuisine, on sort sa plus belle vaisselle. Peu importe si le repas est raté, on a mis les petits plats dans les grands.

Refiler la patate chaude

Au XIXe siècle, cette « hot potato » désignait une affaire embarrassante dont on n'aimait pas s'encombrer.

Une patate chaude qui passe de main en main, ça fait penser à un ballon ovale, à des rugbymen, et au stade de Twickenham. Mais il ne s'agit pas d'un jeu, et si on la refile à son voisin c'est uniquement parce qu'elle nous brûle les doigts. Au XIXe siècle, cette « hot potato » désignait une affaire embarrassante dont on n'aimait pas s'encombrer. On la confiait volontiers à quelqu'un d'autre. Aujourd'hui plus que jamais, on fuit les prises de risque. Plusieurs stratégies s'offrent alors à nous : si on délègue, on donne une feuille de route accompagnée de quelques mots d'encouragement : *« Fais pour le mieux. »* Si on veut refiler un dossier difficile on dit tout simplement : *« Débrouille-toi ! »* Ce qui signifie : *« Tu as intérêt à être à la hauteur. »* Quand la patate chaude est réelle, le jeu peut devenir jeu de massacre si on vise mal. Virtuelle, elle est également un joujou : celui du petit chef qui n'a pas envie de se brûler.

S'engueuler comme du poisson pourri

Quelle idée d'enguirlander une morue ou une sardine en état de décomposition !

Vous les entendez, ces excités qui s'engueulent comme du poisson pourri ? Où se croient-ils ? A la criée aux poissons ? Sur le port de Marseille au temps de César et de Marius ? Leurs invectives sont tellement hautes en décibels que tout le monde en profite. Et elles n'ont rien à voir avec un règlement de comptes à huis clos. Cette expression, qui date du début du XXe siècle, parle d'elle-même : les protagonistes sont submergés par la colère. Et elle est née sur le tas, ou, plus exactement sur les quais. Les poissonnières, souvent appelées « poissardes » n'étaient pas très raffinées, et elles parlaient haut et fort. Les plus inspirées se traitaient de « poisson pourri ! », ce qui était l'injure suprême. Fallait-il qu'elles soient lyriques pour s'engueuler comme on engueulerait du poisson pourri ! Et surtout, quelle idée d'enguirlander une morue ou une sardine en état de décomposition ! De toute façon, un tel échange de paroles violentes ne sert à rien, il finit toujours en queue de poisson.

Les carottes sont cuites

Cette expression a perdu son caractère morbide mais elle est restée longtemps dans la mémoire collective.

Qu'on le veuille ou non, on est façonnés par le passé, et même si les expressions d'autrefois font sourire, elles sont plus utiles que les livres d'Histoire. Elles montrent comment les gens vivaient. On découvre que jusqu'au XVIIe siècle la carotte était considérée comme un aliment pauvre. Dans les foyers les plus modestes, on ne vivait que de carottes. Qui, lorsqu'elles étaient cuites avec un peu de lard, étaient associées à la mort. A cause de ce bout de viande qui venait d'un animal mort. Quand on disait du grand-père qu'il avait *« ses carottes cuites »*, cela voulait dire qu'il était mourant. Cette expression a perdu son caractère morbide mais elle est restée longtemps dans la mémoire collective car elle a été utilisée pendant la Seconde Guerre mondiale : *« Les carottes sont cuites »*, était le signal envoyé à la radio depuis Londres pour déclencher les opérations dans les territoires occupés par l'Allemagne. Aujourd'hui, ces carottes cuites n'annoncent plus la mort, elles ne font pas la guerre. Elles disent seulement que tout va mal.

Sommaire

100 expressions savoureuses à partager entre petits & grands

Sommaire

100 expressions savoureuses à partager entre petits & grands

Sommaire

100 expressions savoureuses à partager entre petits & grands

Déjà parus, dans la collection des "100"

Les 100 choses à avoir fait au moins 1 fois dans sa vie à Paris (Figaroscope, 2013).

100 pièges à éviter pour écrire et parler un excellent français (Le Figaro Littéraire, 2014).

100 choses à avoir fait au moins 1 fois dans sa vie à Paris avec ses enfants (Figaroscope, 2014).

100 bonnes & mauvaises manières à connaître dans la vie. Le guide du bien-élevé (Le Figaro, 2015).

Les 100 citations et locutions pour ne pas perdre son latin (Le Figaro Littéraire, 2015).

100 expressions héritées de l'Histoire (Le Figaro Littéraire, 2015).

100 expressions favorites de nos grands-mères (Le Figaro Littéraire, 2016).

100 anglicismes à ne plus jamais utiliser ! (Le Figaro Littéraire, 2016).

100 bonnes & mauvaises manières à connaître. Le guide du bien-élevé en vacances (Le Figaro, 2016).

100 lieux du patrimoine français à avoir vus au moins une fois dans sa vie (Le Figaro, 2016).

100 pour cent chic. Le guide de l'élégance au masculin (Le Figaro Magazine, 2016).

Aux origines des 100 superstitions qui hantent ou réjouissent notre quotidien (Le Figaro, 2017).

Le Tour de France des **100 péchés mignons** (Le Figaro, 2017).

100 lieux pour se ressourcer en France (Le Figaro Magazine, 2017).

100 lieux qui ont fait la France (Le Figaro Magazine, 2017).

L'auteur

Jean-Loup Chiflet est éditeur et écrivain. Il est l'auteur d'une soixantaine d'ouvrages et a su faire des subtilités et de la richesse du français un terrain de jeu. Les nuances, les expressions, l'ordonnancement des mots sont pour lui l'occasion d'un amusement perpétuel que seul un amoureux de la langue française peut s'autoriser !
Parmi ses principaux succès : *Sky my husband ! Ciel mon mari !* (Points), *Oxymore mon amour !* (Points), *Dictionnaire amoureux de l'humour* (Plon), *Dictionnaire amoureux de la langue française* (Plon), *Le Bouquin de l'humour* (Laffont, coll. « Bouquins »).
Et dernièrement dans la collection « Mots & Cætera » avec *Le Figaro Littéraire* : *Petit traité singulier des pléonasmes insoupçonnés, Les nuances de la langue française.*

L'illustratrice

Caroline Gaujour est une artiste dessinatrice, auteur et danseuse. Ancienne ingénieur Agro issue du monde de l'entreprise, c'est une humoriste au trait affûté. Globe-trotteuse ayant vécu au Mexique, puis aux USA et en Turquie, elle est l'auteur de *Ma vie d'expat : destination Istanbul.*